Norman Silver

Keine Tiger in Afrika

Die in diesem Buch beschriebenen Personen oder Ereignisse sind erfunden. Nur zu gerne würde ich das gleiche von der Rassen- und Apartheidspolitik Südafrikas behaupten – aber leider sind die Verhältnisse, wie sie hier dargestellt sind, nur allzu wahr.

Norman Silver

Keine Tiger in Afrika

Roman

Aus dem Englischen von
Susanne Koppe

BELTZ
& Gelberg

Norman Silver, geboren 1946 in Kapstadt, lehrte Philosophie an der Witwatersrand-Universität und übersiedelte 1969 nach England. Dieser Wechsel prägte seine Einstellung zur südafrikanischen Politik, vor allem zur Apartheitspolitik, einschneidend. Er setzte seine akademische Laufbahn nicht weiter fort, sondern arbeitete in einer Jugendstrafanstalt in London und Bristol, verkaufte Antiquitäten und unterrichtete später EDV. Seit 1987 ist er freier Schriftsteller. Heute lebt er mit seiner Frau und seinen beiden Kindern in Suffolk, England.
Keine Tiger in Afrika ist sein erster Roman.

Lektorat Susanne Härtel

Die Originalausgabe erschien u. d. T. *No Tigers in Africa*
bei Faber and Faber, London
Einband und Reihenlayout von Wolfgang Rudelius
Satz: Satz- und Reprotechnik GmbH, 6944 Hemsbach
Druck und Bindung: Druckhaus Beltz, 6944 Hemsbach
Printed in Germany
ISBN 3 407 80815 1

Es war Bala, der mir vorschlug, dieses Buch zu schreiben. Er meinte, daß Schreiben wie ein Abführmittel wirkt, daß es hilft, diesen ganzen Mist aus mir rauszukriegen. Also Achtung, hier ist es – und macht euch darauf gefaßt, gut wird es nicht riechen.

Für manches, was ich von mir erzählen muß, schäme ich mich. Es tut weh, das alles aufzudecken. Ich dachte immer, daß jeder unter seiner Bettdecke so seine Dinge macht, die nie ans Tageslicht kommen sollten. Aber Bala hält davon nichts. Er kratzt noch das letzte bißchen Dreck aus einem raus und legt es auf den Tisch, damit es dann genau untersucht werden kann. Er ist fest davon überzeugt, daß erst das ganze verrottete Zeug raus muß, damit das Leben wieder fließen kann.

1

So vieles ist passiert, seit ich nach England kam. Das meiste war wie ein böser Traum. Ich weiß, daß alles damit anfing, daß ich Philemon Majodena in Johannesburg umgebracht habe, oder vielleicht auch noch viel früher, als ich in meine weiße Haut hineingeboren wurde. Aber ich dachte, daß ich mit dem Umzug all das Blut, das ich vergossen hatte, weit hinter mir lassen würde. Von wegen, Mann! Wie ein Rudel hungriger Hyänen verfolgten mich die ganzen Probleme.

Es war wie bei Macbeth. Nur blieb bei mir schwarzes Blut an meinen fünfzehnjährigen weißen Fingern kleben. Berge von Seife reichten nicht aus, um das Zeug loszuwerden.

Ich kann euch sagen, als ich hier ankam, begannen diese Hyänen zu heulen. Ich konnte ihr Knurren hören, sogar ihren Atem, so nah kamen sie an mich heran. Sie jagten mich direkt vor die Tür des Todes, und ich stand davor und klopfte wie ein Wilder. Also, ich hab so laut gegen die Tür geschlagen, daß sie mich beinahe hineingelassen hätten. Ich konnte sogar schon Schritte auf der anderen Seite hören. Bei Gott, fast hätten sie mir die Tür geöffnet. Ich glaube nicht, daß die Begrüßung sehr herzlich geworden wäre, wahrscheinlich so wie die Ankunft in England: verdammt kalt und ohne irgend jemanden, der uns willkommen geheißen hätte.

Vom Himmel aus konnte man England nicht einmal sehen. Als das »Fasten your seatbelts«-Zeichen aufleuchtete und der Pilot verkündete, daß wir gleich in Heathrow landen würden, konnte ich es gar nicht glauben. Nichts als dunkle Wolken um uns herum, dabei war es schon sieben Uhr morgens. Verdammt, war das dunkel! Johannesburg hatten wir am Abend zuvor bei herrlichem Sommerwetter – blauem Himmel und strahlendem Sonnenschein – verlassen. Dabei war es nicht einmal besonders schön gewesen, überhaupt nicht! In Johannesburg sind die meisten Sommertage so. Natürlich zieht es am Nachmittag meistens zu, dann regnet es wie verrückt, blitzt und donnert, aber danach ist die Sache vorbei, die Luft ist klar, die Sonne scheint, und alle Leute hüpfen wieder in ihren Swimmingpool.

Es war wie bei Adam und Eva, die das Paradies verlassen mußten. Aber zumindest kamen sie vom Garten Eden in ein warmes Land. Vielleicht deshalb, weil sie nur einen Apfel gegessen hatten, das war ihre ganze Sünde gewesen. Aber an meinen Händen klebte das Blut eines schwarzen Jungen, und das ist doch noch etwas anderes.

Als wir aus dem Flugzeug stiegen, war ich erst mal vollkommen fassungslos. Abgesehen von dem bißchen Beleuchtung war es zappenduster und so kalt, daß mein Atem wie eine Nebelwolke aus dem Mund kam.

Um ehrlich zu sein, ich hab mich noch immer nicht an diese Kälte gewöhnt. Ich meine, jetzt ist es hier doch Sommer. August. Wenn ich aus dem Fenster der Villa blicke, dann sehe ich ein paar Bäume voll mit grünen Blättern. Aber die Sonne steht wie eine schäbige Kupfermünze am Himmel – sie strahlt keine Hitze aus. Die Engländer sagen zu so etwas Sommer, aber mich friert's immer noch. Bisher hat es höchstens ein Dutzend Tage gegeben, die ich heiß nennen würde, Shorts trage ich fast nie. Na ja, vielleicht gewöhne ich mich noch an das Klima, wenn mein Blut dicker wird oder so. Und überhaupt sollte ich nicht so jammern, hinter der Tür des Todes wäre es bestimmt noch um einiges kälter gewesen.

Um auf unseren Empfang in England zurückzukommen: Da gab's einfach keinen. Niemand holte uns von Heathrow ab, aber das hatten wir schon vorher gewußt. Die einzigen Leute, die wir in diesem Land kannten, waren Onkel Colin, Tante Noreen und deren Familie. Aber die leben in York oder so, und wir erwarteten natürlich nicht, daß sie uns abholen würden. Meine Mutter hat wahrscheinlich irgendwo noch ein paar Verwandte, aber wir hatten keine Ahnung, wo. Im Telefonbuch standen eine ganze Menge Woolfs – das ist ihr Mädchenname –, aber die konnten wir ja nicht alle anrufen und fragen, ob sie vor vierzig Jahren Mas Vater gekannt hatten.

Also nahmen wir den Zug nach Bristol. Wir, das waren ich, meine Mutter, mein Alter und meine kleine Schwester Stelly, die eigentlich Estelle heißt. Meine ältere Schwester Lynette lebt in Australien, die Glückliche. Aber Oupa war noch dabei. Oupa ist Afrikaans für Großvater. Normalerweise sprechen wir natürlich nicht Afrikaans – das ist die zweite weiße Sprache Südafrikas –, sondern Englisch, schließlich sind wir ja keine Buren. Eine astrein englische Familie wie die Familien hier in England sind wir aber auch nicht. Nur der Vater meiner Mutter kommt von hier, ihre Mutter war Deutsche. Die Eltern meines Vaters kamen aus Gdansk, das irgendwo in Polen liegt. Meine Großeltern sind alle schon vor einiger Zeit gestorben, außer Oupa, der mit uns nach England kam.

Ich bin also halb polnisch, ein Viertel deutsch, und nur ein Viertel ist richtig englisch. Doch ich glaube, dieses Viertel war enorm hilfreich für die Einreise nach England. Aber was ich eigentlich sagen wollte, ist, daß wir eine englischsprachige Familie sind, das hab ich ja schon erklärt, auch wenn wir unseren Großvater Oupa nannten.

Als wir nach Bristol kamen, lebten wir erst mal zwei Wochen in einer Pension, danach in einer Mietwohnung. Alles war so runtergekommen. Ich kann euch gar nicht sagen, wie schäbig Bristol im Vergleich zu Johannesburg aussieht. Johannesburg ist eine richtig moderne Stadt. Im Sommer blühen an den Straßenrändern die Jakarandabäume – meist auf beiden Seiten. Jakarandas sind große Bäume mit wunderschönen blauen Blüten. Im Sommer ist der ganze Baum überhaupt nur noch blau, das sieht phantastisch aus, bis die Blüten fallen. Dann fahren die Autos rüber, es knirscht und knistert – und schließlich gibt's eine Riesenschweinerei!

An unserem Swimmingpool standen auch ein paar Jakarandabäume. Während der Blüte war das kein Problem – aber danach! Die Blüten fielen in den Swimmingpool, und Alfred, unser schwarzer Gartenboy, mußte sie jeden Tag mit einem großen Maschendrahtding von der Wasseroberfläche fischen. Wenn er das einen Tag lang nicht tat, dann sanken die Blüten zum Grund, wurden braun und begannen zu verrotten, und schließlich waren sie grün. Dann hatten sich bereits Algen gebildet, und mit unserer lausigen Filtermaschine war es kaum mehr möglich, die Seitenwände des Swimmingpools sauber zu kriegen. Das Problem bestand nämlich darin, daß unser Pool schon ziemlich alt war, weil wir – zumindest nach Johannesburger Standard – nicht im Geld schwammen.

Zu Beginn der heißen Jahreszeit mußte der Swimmingpool immer gereinigt werden. Jedes Jahr war es das gleiche:

Das meiste Wasser wurde abgepumpt, aber die letzten paar hundert Liter bekam man mit der Maschine nicht raus. Dieser letzte Rest Wasser war immer glitschiggrün, lebendige Frösche sprangen darin herum, und tote Frösche trieben oben drauf.

Alfred leerte den Swimmingpool dann immer mit einem Kübel. Er machte ihn voll und watete durch den ganzen Pool bis zu dem flachen Teil und dem Planschbecken für die Kinder. Von dort aus schüttete er das Wasser in den Garten. Danach ging er den ganzen Weg zurück und ließ den Kübel wieder vollaufen.

»Alfred, warum bist du nur so dämlich?« fragte ich ihn jedesmal. »Warum knotest du nicht einfach eine Schnur an den Kübel, wirfst ihn in den Pool und ziehst ihn dann hoch? Das geht doch viel schneller. Los, ich zeig dir, wie das geht.«

Nachdem ich es ihm gezeigt hatte, ging es viel rascher, außerdem mußte er nicht mehr barfuß in dem glitschiggrünen Wasser rumlaufen. Aber jedes Jahr fing Alfred wieder mit seiner Methode an, und jedes Jahr mußte ich kommen und ihm das Seil an den Kübel knoten. Eines steht fest: Alfred wußte, wie man aus einer Vierstunden- eine Viertagearbeit machen kann.

Das Haus, das wir in Bristol kauften, war alles andere als eine Villa mit Swimmingpool. Das Geld, das meine Eltern aus Südafrika rausbringen konnten, reichte nur für so ein typisch englisches Reihenhaus. So etwas hatte ich in meinem Leben noch nicht gesehen – an beiden Seiten klebt es an den Nachbarhäusern! Kein Wunder, daß die ganzen Straßen in England so aussehen, als seien die Häuser zusammengequetscht. In Südafrika gab es Häuserblocks mit Mietwohnungen, aber solche Reihenhäuser – nie im Leben! Nach ein paar Monaten hatte ich mich trotzdem daran gewöhnt, so schlimm war es dann auch wieder nicht. Jedenfalls hört man seine Nachbarn nicht, was ich am Anfang befürchtet hatte.

Oupa konnte das Haus auf den ersten Blick nicht ausstehen. Er bekam das Zimmer im Erdgeschoß, weil er sich mit den Treppen etwas schwertat. Aber sein Hauptproblem wurde, daß er sich sein Zimmer nicht merken konnte. Kaum war er länger als zehn Minuten nicht darin gewesen, konnte er es nicht mehr finden.

Stelly bekam das schönste Zimmer von allen, das unter dem Dach. Zumindest sieht man von ihrem Fenster ein paar Büsche. Mein Zimmer ging zur Straße raus, auf der der Verkehr den ganzen Tag ohne Unterbrechung vorbeirauschte. Bei dem Gedanken an mein altes Zimmer in Johannesburg wird mir immer noch ganz seltsam zumute. Es war einfach so schön. Vor dem Fenster stand ein Strauch mit riesigen roten Trompetenblüten, den wir »Lady of Spain« nennen. Man zupft ein Blütenblatt nach dem anderen ab und singt dabei: »Lady of Spain, ich liebe dich, leg die broeks ab, zier dich nicht.« Broeks sind Hosen, und wenn man alle Blütenblätter abgezupft hat, ist das Innere der Blume ganz nackt. Hinter der Lady of Spain sah man zwei große Palmen, einen von Schilf überwucherten Teich und die von Jakarandabäumen gesäumte Einfahrt. Es war lekker. Das ist noch so ein Wort aus dem Afrikaans, das ich oft gebrauche. Es heißt »schön«.

Das Haus in Bristol war jedenfalls besser als die Pension oder die Wohnung danach, das steht fest. Es gab mehr Platz für alle, aber trotzdem hörten die Streitereien zwischen meinem Alten und meiner Mutter nicht auf. Jeden Abend konnte ich ihr Gezeter hören.

»Wir hätten nicht fortziehen sollen!« schrie meine Mutter. »Du bist verrückt gewesen, als du die Firma verkauft hast!«

»Ich hab dir doch gesagt, daß es dauernd weiter bergab ging«, antwortete er, »der Pleitegeier schwebte über uns. Dazu diese ganzen Bomben und Straßenschlachten – die Zeichen waren eindeutig, und wir haben Glück, daß wir überhaupt noch rausgekommen sind.«

»Du denkst doch immer nur an dich, für dich bist du die absolute Nummer eins, der große Hecht. Ich bin dir doch egal – alle meine Freunde mußte ich zurücklassen!«

»Verdammt, Frau, was willst du eigentlich von mir? Bist du taub oder was? Vom Geschäft verstehst du überhaupt nichts. Wir sind noch gerade rechtzeitig abgehauen. Jeden Tag kann es in diesem Land knallen.«

Das war der Punkt, an dem meine Mutter immer losheulte. Von geschäftlichen Sachen weiß sie wirklich nicht viel, dafür hatte sie Kunst studiert. In Johannesburg hatte sie sich sozial engagiert, zum Beispiel in einer Galerie für schwarze Künstler. Mein Vater hatte die ganze Kunstsache verächtlich abgetan und nie irgendwelche Ausstellungen mit ihr besucht.

Manchmal versuchte mein Vater nach solchen Auseinandersetzungen die Sache mit meiner Mutter wieder ins Lot zu kriegen. Er strich dann mit seinen langen Fingern durch ihr blondes Haar, setzte sein verführerisches Schnurrbartlächeln auf und sagte: »Es wird schon werden, verlaß dich drauf.« Aber wenn sie gerade so einen Krach hinter sich hatten, fand Ma ihn nicht mehr sonderlich verführerisch. Außerdem klang er nicht sehr zuversichtlich, und auch das Haar meiner Mutter ist ja eigentlich gar nicht richtig blond, sondern gefärbt. Wenn man genau hinsieht, erkennt man den dunklen Haaransatz.

Ehrlich, ich glaube, die einzige, die nicht unter dem Umzug litt, war Stelly. Sie ist erst sieben und betrachtete alles Neue mit ihren großen weitgeöffneten Augen. Alle sagen immer, wie niedlich Stelly mit ihren blonden Haaren – die nicht gefärbt sind –, den großen Augen und den Sommersprossen auf der Nase ist. In ihrem Alter macht einem der Umzug in ein neues Land noch nicht soviel aus. Aber eines Tages wird auch sie noch herausfinden, daß zwischen sieben und fünfzehn viel mehr als nur acht Ziffern liegen.

Wenn man mit fünfzehn in ein anderes Land kommt, dann ist das Schwierigste die Sache mit den Freunden. Ich kann euch gar nicht sagen, wie sehr ich meine alten Kumpel vermißte. Wir waren ein Superhaufen: Da waren Gav, der größte Schreihals und Angeber unter uns, Nobby, der so viele Pickel im Gesicht hatte, daß man kaum mehr die Haut sehen konnte, und Joel, unser Megasportler. In unserer Schule war er der Beste im Hochsprung und im Hundertmeterlauf, zumindest bei denen unter fünfzehn. Ja, und dann gab es natürlich noch mich, Selly, das Superhirn, wie sie mich nannten.

Wahrscheinlich findet ihr es komisch, daß meine Schwester Stelly heißt und ich Selly, aber dafür können meine Eltern nichts. Stelly heißt eigentlich Estelle und ich Selwyn, was ganz normal ist, aber wenn die Leute unsere Namen abkürzen und uns Stelly und Selly nennen, dann klingt das schon etwas seltsam. Lynette wurde immer nur Lynette genannt, Lynny oder Nettie oder so etwas kann ich mir bei ihr auch gar nicht vorstellen. Wahrscheinlich deshalb, weil sie immer viel älter war, und jetzt ist sie ja sogar schon verheiratet.

Meine Freunde und ich, wir sind eigentlich immer zusammengewesen. Wenn wir etwas unternehmen wollten, dann gingen wir nach Hillbrow oder auf Partys, und in der Schule klebten wir auch immer zusammen. Ag, ich vermisse die Jungs wirklich. Wenn ich noch öfter »ag« sage, müßt ihr das entschuldigen. Es klingt wie das deutsche »ach«, aber weil es Afrikaans ist, wird es anders geschrieben. In der Schule in Bristol haben immer alle gelacht, wenn ich »ag« sagte.

Hier ist alles so anders. In meiner Klasse hatte ich keinen einzigen Freund. Die Leute waren schon ganz in Ordnung, aber sie lachten nie, wenn ich einen Witz erzählte, und sagten die ganze Zeit »Waaaahs?«, wenn ich etwas von mir gab, weil sie mich nicht verstanden. Ich hatte vorher überhaupt nicht gewußt, daß ich einen Akzent habe – bis ich in dieses Land kam, aber hier wurde es mir dann schnell klargemacht.

Die Hälfte von dem, was sie sagten, konnte ich genauso wenig verstehen. Aber so ging es mir nicht nur mit den Nichtweißen, also denkt ja nicht, daß ich hier Vorurteile gehabt hätte, überhaupt nicht.

Als ich in die Schule kam, war das Schuljahr schon halb vorbei. Das beginnt hier nämlich im September – verrückt, nicht wahr? In Südafrika fängt die Schule immer im Januar an, das ist doch viel logischer, oder? Als ich nach Bristol kam, war es Januar, aber da waren die hier schon mittendrin und hatten auch alle schon ihre Freunde gefunden. Der Lehrer meinte, daß dieser Typ, Lloyd, mir alles zeigen sollte. Llyod war schon in Ordnung, und mir machte es auch überhaupt nichts aus, daß er schwarz war. Ich versuchte sogar, ganz besonders nett zu ihm zu sein, aber ich hatte solche Schwierigkeiten, ihn zu verstehen.

»... dacht'... dou wähst bähchschwahz...bähst aus Südafihkah...«

Das einzige Wort, das ich wirklich verstand, war »Südafihkah«.

In meiner Klasse herrschte das absolute Durcheinander unter den Schülern. Da waren acht Schwarze, vier Inder und einundzwanzig ganz verschiedene Weiße. Einer von denen kam aus Newcastle, und seinen Akzent konnte ich überhaupt nicht verstehen.

Außerdem gab es noch einen Typ, der Jeff hieß. Ich muß zugeben, daß er sich um mich bemühte und sehr freundlich war. Er lud mich zum Fußballtraining ein und half mir in Mathe. In Südafrika hatten wir nämlich einen anderen Lehrplan gehabt, und darum dachten die Engländer am Anfang, daß ich ein bißchen dämlich sei. Wir hatten viel über die Geschichte Südafrikas gelernt, über Jan van Riebeek und die Kriege mit den Xhosas und den Zulus und den Matabeles und über den Großen Treck und das ganze Zeug, um das man sich hier nicht kümmert. Außerdem bekamen wir auch eine Art Kadettenausbildung, das heißt, daß wir jeden Vormittag in einer Khakiuniform auf und ab marschierten. Ich konnte die Übungen nicht ausstehen, weil ich nämlich gegen Gewalt bin. Nichts war mir in Südafrika mehr zuwider als die Vorstellung, zum Militär gehen zu müssen. Aber jetzt muß ich das ja gar nicht mehr. In der Hinsicht tun mir Gav, Nobby und Joel richtig leid. Die müssen wahrscheinlich Wehrdienst leisten und im Grenzland kämpfen. Wir hatten dann noch Afrikaans, was hier keinen interessiert, und Latein. Dafür haben sie hier Französisch. Auch Mathe war anders in Südafrika, keine Textaufgaben und so. Aber da hat mir dann Jeff geholfen und konnte so sehen, daß ich nicht blöd bin. Jeff war wirklich in

Ordnung, bis wir diesen Krach über Apartheid hatten. Danach war der Ofen völlig aus.

Immerhin wußte er ein bißchen was über Apartheid, was schon etwas heißen soll. Die anderen wußten von Südafrika nur, daß es dieses Land am unteren Ende von Afrika ist, und deshalb hatten sie wie Lloyd erwartet, daß ich schwarz wäre und daß in Johannesburg Löwen herumspazierten. Aber Jeff hatte eine Ahnung. Damals wußte ich noch nicht, daß seine Eltern der Anti-Apartheids-Bewegung angehören und daß er gerne mit Leuten unterschiedlichster Rassen zusammen ist.

Also, wir hatten diesen Streit über Apartheid, und ich hatte da eine ganz andere Meinung als er, auch wenn ich mich noch nie besonders für Politik interessiert habe. Jeff sagte nämlich, daß alle Leute in Südafrika das Wahlrecht erhalten sollten.

»Hör mal, du hast doch keine Ahnung, wie es da unten zugeht«, sagte ich. »Die meisten Schwarzen wissen noch nicht mal, was Wählen überhaupt ist.«

»Aber die Menschen sind doch alle gleich. Sie sollten sich vermischen dürfen und dieselben Rechte haben«, sagte Jeff. »Schließlich sind alle Menschen gleich.«

»Das stimmt nicht, die Menschen sind alle verschieden. Und wenn sie es nicht wollen, dann soll man sie auch nicht wie in einem großen Mixer durcheinanderschütteln.«

»Aber glaubst du denn nicht, daß alle Menschen gleichberechtigt sind?«

»Doch, natürlich«, antwortete ich. »Du denkst bestimmt, daß ich für die Apartheid bin. Dabei haben meine Eltern immer dagegen gestimmt, ehrlich. Die meisten Schwarzen sind aber zu ungebildet, um wählen zu können. Man sollte sie ihre eigenen schwarzen Führer wählen und die Weißen über die Regierung entscheiden lassen.«

O Gott, da flippte er aus. Er sah mich an, als sei ich ein Schwerverbrecher, und wollte nicht mehr mit mir reden, auch als ich ihm zu erklären versuchte, daß er keine Ahnung von der Sache hatte. Er hätte Alfred kennen müssen, dann hätte er schon kapiert, was ich meinte. Oder diesen einen Schwarzen, den wir in den Drakensbergen nach dem Weg gefragt hatten.

Ich erzählte Jeff, wie das abgelaufen war: Einmal fuhren wir stundenlang über diese Schotterstraße und hatten uns verfahren. Als wir einen Schwarzen sahen, der uns am Straßenrand entgegenkam, hielt mein Alter an.

»Wohin geht denn diese Straße?« fragte er.

»Dorthin«, sagte der Schwarze, zeigte in die Richtung, in die wir fuhren, und ging weiter.

Der hätte keine Ahnung vom Wählen gehabt, soviel steht fest! Aber Jeff wollte das nicht begreifen.

Am Tag darauf hatten wir nachmittags Fußballtraining, und Jeff war ziemlich gemein zu mir. Er wollte mich nicht in seiner Mannschaft haben, griff mich dauernd fies an und brüllte immer, sobald ich eine Chance hatte: »Ist das nicht Abseits?«

Mr. Wilson war alles andere als hilfreich. Immer gab er Jeff recht und pfiff, weil ich angeblich im Abseits stand. Verdammt, das machte mich einfach wahnsinnig. Ich meine nicht nur wahnsinnig wütend, sondern wirklich wahnsinnig. Etwa in der Hälfte des Spiels zerplatzte mein Hirn beinahe, anders kann ich das nicht beschreiben. Anstatt meine Energie für das Spiel zu nutzen, verpuffte sie in mir, und nach der Halbzeit flippte ich dann einfach aus. Jemand foulte mich und trat mir gegen das Schienbein. Das war der

Tropfen, der das Faß zum Überlaufen brachte. Als der Ball das nächste Mal in meine Reichweite kam, hob ich ihn auf und raste wie ein Rugbyspieler zur nächsten Linie. Mann, ich hatte das Gefühl, einfach super zu sein! Es war ein großartiger Coup, wie ich da bei der Linie ankam und mich darüberschmiß. Das einzige Pech war, daß der Ball rund war.

»Fußball ist das letzte«, brüllte ich, »das spielen doch nur Moffies!« Wahrscheinlich verstanden sie mich nicht, denn Moffie ist Afrikaans und heißt, daß man andersrum ist.

Jeff und ein paar andere kamen auf mich zugerast, als wollten sie mir eine Lektion über Fußball verpassen, die ich nie vergessen würde. Aber ich rannte wie der Teufel. In meinem Kopf überschlugen sich die schlimmsten Gedanken. Vielleicht wollten sie mich ja umbringen, wenn sie mich erwischten.

Ich rannte vom Spielfeld und zog mich über den Maschendrahtzaun auf die Straße. Den Ball warf ich über eine Mauer in irgendeinen Garten, und da die Noppen meiner Schuhe auf der Straße laut klapperten, zog ich die Schuhe aus und rannte strumpfsockig weiter.

Zunächst wußte ich gar nicht, wohin ich eigentlich laufen sollte. Ich wollte nach Hause, nach Johannesburg, in mein Zimmer, aus dem man die Lady of Spain sehen konnte und den Teich, die Palmen und die Jakarandabäume.

Obwohl mich niemand mehr jagte, rannte ich weiter und spielte im Kopf den Verteidiger an. Ich war Seitenstürmer, weil ich für mein Alter ziemlich schnell bin. Schnell und kräftig. Die Leute in meiner Mannschaft nannten mich immer Düsenjäger – oder Wintergrün, weil ich meine Muskeln vor dem Spiel mit diesem Zeug einrieb, das sich so gut auf der Haut anfühlt und wie Pfefferminzkaugummi riecht.

Nur wenn man es an die Eier oder den Poep bringt, brennt es wie Feuer. Poep brauch ich wohl nicht zu erklären, das »oe« klingt wie ein »u«.

In Johannesburg war Rugby das Zweitliebste in meinem Leben. Meine Lieblingssache verrate ich jetzt noch nicht. Das heb ich mir als Überraschung auf. Aber Rugby stand eindeutig auf Platz zwei.

Ich war nicht so toll wie mein Freund Joel, aber ich kämpfte wie ein Wahnsinniger. Ich griff immer an, rannte so schnell es ging und stürzte hart.

Einmal, als unser Direktor dem Spiel zusah, schlug ich dem gegnerischen Stürmer mit dem Kopf zwei Zähne aus. Das war ein Angriff! Man könnte ja meinen, daß ich Ärger bekommen hätte, weil ich einen Mitspieler verletzt hatte – keine Rede davon. Nach dem Spiel kam der Direktor persönlich zu mir.

»Lewis, du hast in diesem Spiel großen Einsatz gezeigt.« Lewis ist mein Familienname. In Polen hieß die Familie noch Lubrowski oder so irgendwie, aber als Oupa nach Südafrika kam, hat er seinen Namen geändert.

Ich war sehr stolz. »Danke schön, Mr. Tarling.«

»Bleib, wie du bist, Junge«, sagte er.

Mein größter Ehrgeiz war es, eine Schulauszeichnung im Rugby zu gewinnen. Als ich nun in Bristol die Straße hinunterraste, wünschte ich mir nichts mehr, als wieder für meine alte Schule zu spielen, während der Direktor zusah, damit ich meinen Preis bekommen konnte.

Als ich nach Hause kam, war meine Mutter alles andere als erfreut. »Für wen hältst du mich eigentlich?« fuhr sie mich an. »Etwa für Matilda?«

Matilda war unser schwarzes Dienstmädchen in Johannesburg gewesen.

»Ich bin doch nicht deine Putzfrau«, schimpfte Ma weiter. »Deine Socken wäschst du gefälligst selbst. Dienstmädchen gibt es hier nicht!«

Das passierte an demselben Tag, an dem Oupa sich zum ersten Mal verlief.

Kurz vor sechs kam mein Alter nach Hause. Wir wollten uns gerade zum Abendbrot setzen, als uns auffiel, daß Oupa fehlte. Wir durchsuchten das ganze Haus von oben bis unten, aber er war einfach verschwunden.

»Hast du denn nicht bemerkt, wie er das Haus verlassen hat?« Mein Vater war sauer auf Ma. Überall fuchtelte er mit seinen knöchernen Händen herum – das tut er immer, wenn ihm etwas nicht paßt. »Was machst du denn schon den ganzen Tag? Du hättest doch ein Auge auf ihn haben können! Du weißt doch, daß er nicht gut beieinander ist.«

»Ich kann doch nicht mein ganzes Leben damit verbringen, auf deinen Vater aufzupassen«, fauchte meine Mutter zurück. »Du wolltest ihn doch unbedingt mit hierher nehmen. Im Altenheim hätte er es viel besser gehabt.«

»Gefühle zählen bei dir wohl nicht, Helen.«

»Das mußt gerade du sagen. Du weißt doch nicht einmal, was Gefühle überhaupt sind.«

Mein Vater und ich suchten mit dem Auto nach Oupa. In Johannesburg hatten wir einen Ford Automatik gehabt, der alte Renault aus Bristol, den wir nun besaßen, war damit nicht zu vergleichen. Kreuz und quer fuhren wir durch die Straßen und hielten in der Dunkelheit Ausschau nach Oupa. Über eine Stunde kurvten wir so herum und schauten ab und an zu Hause nach, um sicherzugehen, daß Oupa nicht vielleicht zurückgekommen war. Aber nirgendwo eine Spur von ihm. Dabei war es eiskalt. Kalt genug, um das Hirn und die Gelenke eines alten Manns gefrieren zu lassen.

»Das überlebt er nicht, wenn er da draußen rumläuft«, sagte mein Vater. Und ich wußte, daß er recht hatte.

Als wir Oupa um sieben Uhr noch immer nicht gefunden hatten, sagte mein Alter: »Wahrscheinlich sollten wir zur Polizei gehen.«

Wir hinterließen eine Beschreibung von Oupa bei der Polizei, aber das wäre nicht nötig gewesen, denn als wir nach Hause kamen, wartete er schon auf uns. Er war gerade heimgekommen. Irgendwo in Redland hatte er sich verlaufen und dann einfach beim erstbesten Haus geklopft. Wer immer da wohnte, war auf jeden Fall so freundlich gewesen, in Oupas Taschen nach seiner Adresse zu suchen. Gott sei Dank steckte in einer Tasche ein Brief, so daß man ihn heimbringen konnte. Der Brief war eigentlich an meinen Alten adressiert gewesen, er hatte ihn schon in der Post vermißt.

»Pa, wo warst du denn?« fragte er ihn jetzt.

»Ich habe Fanny gesucht«, antwortete Oupa. Fanny war seine Frau gewesen, die schon seit fünf Jahren nicht mehr lebte.

»Weißt du denn nicht mehr, daß Fanny vor fünf Jahren gestorben ist? Wir sind in Bristol, in England.«

»Ist das hier nicht Johannesburg?«

Oupa tat mir so leid. Schon ich fühlte mich verloren in diesem Land, aber für ihn mußte es noch viel schlimmer sein, denn er hatte in seinem Leben schon zwei Übersiedlungen von einem Land ins andere mitgemacht.

»Sieh doch mal deine Jacke an, Pa. Erinnerst du dich denn nicht mehr?«

Vater zeigte auf den Riß in Oupas Jacke, den der Rabbi

ihm bei Fannys Beerdigung hineingeschnitten hatte. Das ist ein jüdischer Brauch, durch den man daran erinnert werden soll, daß man trauert, glaube ich. Ich hab ja schon erzählt, daß ich zur Hälfte polnisch, ein Viertel deutsch und ein Viertel englisch bin. Außerdem sind wir jüdisch, obwohl meine Mutter an gar nichts glaubt.

Die meisten Leute werfen ihre Jacken danach wohl weg, aber Oupa tat das nicht. Etwa sechs Monate nach der Beerdigung besuchte ich ihn in der Pension, in der er in Berea lebte, als er gerade den Riß flickte. Er konnte nicht sehr gut nähen, aber der Riß fiel danach doch nicht mehr so auf wie vorher.

Oupa betrachtete jetzt den Riß in seiner Jacke, als gehöre er zu einem vergessenen Traum. Ich dachte, daß er etwas sagen würde, aber dann kam doch nichts. Statt dessen begann er zu zittern. Vielleicht war das die Trauer, vielleicht der Schock der Erkenntnis, vielleicht aber auch die Kälte.

Vater wickelte ihn in eine Decke, setzte ihn neben die Heizung und gab ihm einen Whisky. Oupa sah erschöpft aus, die Wangen waren mit kratzigen, silbernen Stoppeln bedeckt, und die Augen, die genauso blau wie der Himmel von Johannesburg waren, schienen in eine andere Welt zu starren. Vielleicht hörte er Schritte hinter der Tür des Todes.

Das war die erste von fünf ähnlichen Touren, die Oupa während unserer Anfangszeit in Bristol unternahm. Und nach der fünften Tour ging die Tür des Todes dann auf.

2

Nachdem ich mit dem Fußball Rugby gespielt hatte, wurde es in der Schule einfach schrecklich. Irgend jemand heftete einen Zettel an die Wand, auf dem stand: »Kein Sport mit Südafrikanern!« Niemand sprach mehr mit mir. Sogar die Lehrer sahen mich an, als käme ich von einem anderen Stern, und das stimmte ja auch fast. Mr. Wilson mußte ihnen allen erzählt haben, daß ich wohl ein doos bin. Das ist Afrikaans und heißt Pappkarton. Wenn man jemanden so nennt, dann hält man ihn für einen Idioten. Ehrlich gesagt machte ich mir selbst schon ein bißchen Sorgen, ob ich nicht allmählich ein doos wurde.

In Johannesburg hielten mich meine Freunde und die Lehrer für ziemlich clever, aber in dieser Schule kam ich nicht zurecht. Mathe fand ich schwer, von Französisch hatte ich keine Ahnung, und europäische Geschichte langweilte mich. Englisch, das Fach, in dem ich bis dahin immer gut gewesen war, wurde plötzlich zum Spießrutenlauf. Immer, wenn ich etwas lesen sollte, grölten alle: »Waaahs? Was sagt der?«

Apropos Englisch: Das erinnert mich daran, daß ich bisher nur verraten habe, was ich am zweitliebsten mag, nämlich Rugby. Also, dann erzähle ich jetzt, was ich am liebsten mag – aber ihr dürft nicht lachen. Denn, darauf könnt ihr Gift nehmen, ich moerra jeden, der mich deshalb auslacht. Und falls ihr nicht wißt, was »moerra« heißt, dann erklär ich's euch: »jemandem das letzte Fünkchen Leben aus dem Leib prügeln«.

So seltsam das bei einem Rugbyfan vielleicht wirkt: Am allerliebsten mag ich Gedichte. Also, jetzt wißt ihr's. Rugby und Gedichte, das ist doch eine gute Zusammenstellung, oder?

Ich habe immer viele Gedichte gelesen. Zu Hause in Johannesburg habe ich – ag, so was Blödes! – ich meine, in Johannesburg hatte ich Tausende von Gedichtbänden. Vielleicht nicht Tausende, aber viele. Ich erzähl euch auch, woher ich die Bücher hatte, aber behaltet es für euch. Ich hab sie gestohlen. Ja, ehrlich, ich hab sie alle gestohlen. Jedes einzelne. Außer vielleicht ein oder zwei, die ich von meinem Taschengeld kaufte. Ich war ein versierter Dieb, konnte in jede beliebige Buchhandlung in Johannesburg gehen, sogar in die mit Ladendetektiven und Überwachungskameras, und kam mit zwei oder drei Büchern, meist Gedichtbänden, wieder raus. In zwei Jahren habe ich wohl Bücher im Wert von ungefähr tausend Rands gestohlen. Wißt ihr, wie ich das angestellt habe? Ich steckte die Bücher unter den Pullover, ganz einfach. Man tut einfach so, als würde man lesen, hält dabei zwei Bücher in den Händen, eines, das man angeblich liest, und eines, das man klauen will. Dann lehnt man sich ein wenig vor und steckt das Buch unter den Pullover und halb in die Hose. So aus dem Laden zu gehen ist ein bißchen schwierig, aber mit der Zeit bekommt man Übung. Bücherklauen war also mehr ein Wintersport, denn im Sommer trug ich ja keine Pullover.

Manche Leute könnten meinen, daß ich eine gespaltene Persönlichkeit habe, weil ich Rugby und gleichzeitig Gedichte liebe, aber ich fühle mich nicht gespalten. So bin ich eben. Ich lese gern Gedichte und schreibe selbst auch viele, meistens nach zwei Uhr morgens, aber ich zeige sie nie her, weil sie etwas Persönliches sind. Soll ich euch sagen, warum ich Gedichte so gern mag? Weil sie mit einem Füller voll goldener Tinte geschrieben werden. Versteht ihr, was ich meine? Ich stelle mir immer vor, daß das Gedicht, das ich lese, in einer Werkstatt tief unten in der Erde geschrieben wurde. Dort gibt es überall Maschinen wie in einer Goldmine, und der Dichter bohrt in das Gestein, um das wertvolle Zeug, das er braucht, herauszubekommen. Die Felsbrocken mit den Goldadern werden in riesigen Bottichen gesammelt und in brennende Hochöfen geschoben, in denen irrsinnig hohe Temperaturen herrschen. Wenn man die Bottiche dann aus den Hochöfen holt, enthalten sie eine flüssige Goldmischung. Der Dichter gießt diese Mischung in Tintenfässer auf seinem Schreibtisch und füllt seinen Füller, während die Tinte noch dampft und zischt.

Gedichte mag ich deshalb so sehr, weil vieles andere im Leben mit einem Füller voller Scheiße geschrieben wird.

Oupas Beerdigung war einfach ein Jammerspiel. Ich meine, wenn er in Johannesburg gestorben wäre, dann hätten wir Hunderte von Trauergästen gehabt. Nicht nur Leute, die wegen seines Todes traurig gewesen wären, sondern auch Leute, die einfach auf eine Beerdigung kommen. In Johannesburg trifft man auf Beerdigungen Verwandte, von denen man vorher noch nicht einmal wußte, daß es sie gibt. Sie kommen von überall her und blicken dir alle für einen kurzen Moment fest in die Augen, als wären sie deine engsten Freunde, schütteln dir mit innigem Mitleid die Hand und sagen: »Ein langes Leben! Ich wünsche dir ein langes Leben«, und dann sieht man sie bis zur nächsten

Beerdigung oder bis zur nächsten Hochzeit nicht wieder.

Stelly, die Glückliche, mußte nicht mit zur Beerdigung, sondern wurde in die Schule geschickt. Ich finde Friedhöfe schrecklich, aber ich mußte mitgehen. Außer meinem Alten, Ma und mir waren die einzigen Verwandten Onkel Colin und Tante Noreen. Eigentlich kannte ich die gar nicht, zumindest nicht richtig. Aber Ma war ihre Cousine. Beide kamen zu mir, sahen mir kurz in die Augen, schüttelten mir die Hand und sagten: »Ein langes Leben, Selwyn!« Dann machten sie das gleiche mit Ma und Vater.

Außerdem waren noch vier andere Leute da, die meine Mutter seit unserer Ankunft in Bristol kennengelernt hatte. Ma fiel es immer leicht, Bekanntschaften zu machen. Sie hat so eine Ader dafür, falls ihr versteht, was ich meine. In Johannesburg war sie ständig mit irgendwelchen Leuten zusammen. Neben der Wohltätigkeitsarbeit und der Hilfe für schwarze Künstler spielte sie Bridge und vor allem Tennis, und dann ging sie noch zu einer Frauengruppe. Wo immer ein Haufen Leute zu finden war, ging meine Mutter hin. Sie hat nie gearbeitet, meine Ma, denn bevor mein Vater in den Großhandel einstieg, war er Direktor einer Lebensmittelfirma gewesen, und so konnte sie immer das Luxusweibchen spielen.

Jedenfalls kannten diese vier Leute Oupa eigentlich gar nicht. Vielleicht hatten sie ihn ein paarmal gesehen und ihn gegrüßt, aber richtig gekannt hatten sie ihn nicht. Im Grunde genommen waren sie für ihn Fremde gewesen. Wahrscheinlich kamen sie aus Mitleid meinen Eltern gegenüber. Daß Ginny kam, konnte ich verstehen, denn zumindest ist sie eine Südafrikanerin, auch wenn wir uns nicht von dort kennen. Ma hatte sie in Bristol durch eine

Frau in Stellys Schule kennengelernt, die ihr erzählt hatte, daß sie noch eine andere Frau aus Südafrika kennt. Warum Ginnys Tochter Rosalie mitkommen mußte, war mir dagegen nicht klar. Sie war ungefähr in meinem Alter und hatte uns schon ein paarmal besucht. Um ehrlich zu sein, ich hatte es damals nie fertiggebracht, mich mit ihr zu unterhalten. Sie dagegen hatte versucht, mit mir zu reden, und sie war ja auch gar nicht so übel. Vielleicht würde ich das nächste Mal einen Ton herauskriegen. Jetzt waren die beiden jedenfalls auf der Beerdigung und kamen zu mir und meiner Familie, um uns die Hand zu schütteln. Vom langen Leben oder so sagten sie nichts, weil sie keine Juden sind.

Überhaupt nicht verstehen konnte ich allerdings, warum die nächsten zwei Leute gekommen waren. Es handelte sich um ein schwarzes Paar, das Ma im Fitneßcenter kennengelernt hatte. Als ich sie das erste Mal zusammen mit Ma gesehen hatte, dachte ich, daß einer von beiden vielleicht ein schwarzer Künstler war, der ein bißchen Unterstützung nötig hatte. Jedenfalls wußte ich nicht, warum sie auftauchten, weil Oupa sie doch höchstens ein- oder zweimal gesehen haben konnte. Aber wahrscheinlich ist es okay, mit Schwarzen zusammen auf eine Beerdigung zu gehen, jetzt, wo wir in England sind. Auf Fannys Beerdigung war auch eine Schwarze gewesen, aber das war nur ihr Dienstmädchen Gladys.

Diese beiden Schwarzen waren mir gegenüber sehr höflich. Sie sagten: »Herzliches Beileid«, was ich um einiges angebrachter als »Ein langes Leben« fand. Erst schüttelten sie die Hände von Ma, dann die von Vater, und außerdem wechselten sie mit ihnen ein paar Worte, die ich nicht hören konnte. Doch dann tat der schwarze Mann etwas, was ich noch nie im Leben gesehen hatte: Er hielt tatsächlich seine Wange gegen die von Ma, so, wie es die Leute manchmal in russischen oder in französischen Filmen tun.

Es ist eine jüdische Tradition, daß zehn Männer, die älter als dreizehn Jahre sind, bei einer Beerdigung dasein müssen – ich meine natürlich lebende. Normalerweise ist das kein Problem, die meisten Leute haben mehr als zehn männliche Trauergäste bei ihrer Beerdigung. Aber bei Oupa war es nicht so. Bei ihm waren nur mein Alter, ich, Onkel Colin, der Schwarze (dabei war ich gar nicht sicher, ob der eigentlich zählte. Versteht mich ja nicht falsch, ich meine ja nur nach jüdischer Tradition!), der Rabbi und ein Mann in einem schwarzen Anzug, der geholfen hatte, den Sarg an das Grab zu rollen. Das waren also insgesamt sechs Männer. Der Rabbi sagte etwas zu dem Mann im schwarzen Anzug, der daraufhin fortging und mit vier anderen jüdischen Herren zurückkam, so daß die Trauerfeier beginnen konnte. Ich weiß nicht, woher diese vier Männer kamen, aber ich hatte das Gefühl, daß sie bezahlte Trauergäste waren. Vielleicht täusche ich mich da aber auch, keine Ahnung.

Es war so kalt, daß jeder die Sache nur schnell hinter sich bringen wollte, um wieder reingehen und eine Tasse Tee trinken zu können. Ich wette, daß Oupa nicht im Traum darauf gekommen wäre, daß seine Leiche in einem Tiefkühlgrab bestattet werden würde. Mein Alter hatte einen Tiefkühlraum in seinem Warenlager gehabt. Er war so groß wie ein geräumiges Zimmer, hatte eine massive dicke Tür und war bis zur Decke mit Essenssachen vollgestopft.

Yirra! Nicht für eine halbe Stunde hätte ich in dem Ding eingesperrt sein wollen. Aber Oupa hatte keine Wahl. In dem Tiefkühlgrab wartete die Ewigkeit auf ihn.

Niemand weinte um Oupa. In Johannesburg mußte ich zu der Beerdigung von Ivor Sherman gehen, der bei einem Autounfall umgekommen war. Dort heulten alle, seine Frau und die Töchter drehten total durch und warfen sich alle paar Minuten auf den Boden. Es war eine Tragödie gewesen. Aber wegen Oupa weinte niemand. Nicht einmal ich, und ich hatte ihn doch geliebt. Wahrscheinlich sind in England die Tränendrüsen einfach zugefroren.

Von meinen Großeltern war es immer Oupa gewesen, der mir die meiste Liebe gegeben hatte, auch, als die anderen noch am Leben waren. Warum, das weiß ich nicht. Ich war sein erster männlicher Enkel, und das war wohl etwas Wichtiges für ihn. Außerdem waren wir beinahe Namensvettern. Er hieß Solomon, aber alle seine Bekannten in Johannesburg nannten ihn Solly. Und ich heiße doch Selly, versteht ihr? Ich wurde nicht nach ihm getauft, denn mein Alter glaubt, daß das Unglück bringt. Also, die Namen ähneln einander, aber noch größere Ähnlichkeiten gab es in unserem Aussehen. Auf dem einzigen Foto, das wir von ihm haben, auf dem er als kleiner Junge in Polen zu sehen ist, hat er genau dasselbe blonde Durcheinander an Haaren wie ich, als ich klein war, und genau die gleiche schmale Nase wie ich. Mittlerweile sind meine Haare braun, und Oupa hatte schon immer weiße Haare, solange ich ihn kannte.

Leute aus dem Bekanntenkreis unserer Familie machten manchmal Bemerkungen über die Ähnlichkeit zwischen uns beiden und sagten: »Sieht Selly nicht genauso aus wie Oupa Solly?«

Ich hab mal irgendwo gelesen, daß es einen Stamm gibt, der glaubt, daß der Geist des Großvaters im Enkel wiedergeboren wird. Wahrscheinlich ist das wahr. Nur weiß ich nicht, warum es dann zwei von uns so lange nebeneinander gab. Aber jetzt gibt's ja nur noch einen, also hat sich dieses Problem erledigt.

Wir verstanden uns wirklich prächtig. Während der Schulferien wohnte Oupa bei uns, und weil er Englisch nicht lesen konnte, mußte ich ihm immer vorlesen, alles mögliche. Oft haben wir zusammen im Lexikon gelesen, natürlich nicht alles, sondern die Sachen, die uns interessierten, zum Beispiel die Lebensläufe von berühmten Leuten wie Tolstoi oder Chopin oder Beschreibungen exotischer Orte wie Java und Martinique. Ich glaube nicht, daß Oupa sich England zum Sterben ausgesucht hätte.

Einmal erzählte er mir, wie ihm ein Offizier geholfen hatte, Polen zu verlassen. Er hatte ihm Geld für die Schiffspassage gegeben. Damals wurden Juden in Polen verfolgt, und Oupa hatte Glück gehabt, daß er nach Südafrika gekommen war, wo er ein neues Leben beginnen konnte. Er war sehr erfolgreich, denn schließlich konnte er später meinem Vater das Geld leihen, um den Großhandel aufzubauen.

Auch für mich war nun die Zeit gekommen, ein neues Leben zu beginnen. Aber alles, was ich vor mir sehen konnte, als ich da auf dem Friedhof stand, war ein Grab, in das ein Körper gesenkt wurde. Ich war mir nicht so sicher, ob er seinen Geist an mich weitergegeben hatte, überhaupt spürte ich nicht sehr viel Geist in mir. Mir war einfach schrecklich zumute, als ob etwas in mir sterben würde. Außerdem war es mir zuwider, daß ich auf diesem Friedhof sein mußte.

Seltsam. Ich hatte schon immer Angst vor Friedhöfen und Leichen. Todesangst, könnte man sagen!

Immer, wenn wir an einem Friedhof vorbeifuhren, duckte ich mich auf dem Rücksitz. Niemand wußte von meiner Angst, und ich hätte nicht im Traum irgend jemandem davon erzählt. Aber ungefähr drei Jahre lang, als ich so zwischen sieben und zehn war, ging ich jedesmal, wenn wir in die Nähe eines Friedhofs kamen, in Deckung. Ich wußte genau, wo in Johannesburg die Friedhöfe waren, und konnte mich deshalb immer rechtzeitig verstecken. Erst wenn der Friedhof weit hinter uns lag, tauchte ich wieder auf.

Begonnen hatte das alles, als Tante Celia, die beste Freundin meiner Mutter, an Krebs starb. Sie war erst neunundzwanzig Jahre alt gewesen. In der Nacht, in der sie starb, träumte ich von Tigern, riesigen, menschenfressenden Tigern, die in der Nähe des von Schilf überwucherten Teichs durch unseren Garten schlichen. Meine Eltern ließen mich in dieser Nacht in ihrem Bett schlafen. Mein Vater holte das Lexikon, aus dem ich Oupa immer vorlas, und las diesmal mir vor, daß es keine Tiger in Afrika gibt. Dem Regisseur meiner Träume hätte er das vorlesen sollen! Seit sieben Jahren träume ich nun von riesigen Tigern, die sich an mich heranpirschen, und ich sage euch eins, das war nicht nur so in Afrika, das ist auch so in England. Sie machen mir entsetzliche Angst, aber sie sind so geheimnisvoll und schrecklich, daß sie meine Träume wohl nie verlassen werden.

Es ist wie in diesem Gedicht von William Blake, in dem es über die brennenden Tiger der Nacht geht und über die magische Hand und das Auge, die eine Kreatur erschaffen können, die so prächtig wie ein Tiger ist. Schon allein wegen dieses Gedichts wird Blake für immer und ewig einer meiner Lieblingsdichter sein: Er hatte dieselben Träume wie ich.

Am Tag nach Oupas Beerdigung schwänzte ich die Schule. Niemandem erzählte ich davon. Ich lief einfach und lief und lief – bis ich plötzlich in Clifton bei der Hängebrücke ankam. Versteht mich nicht falsch, ich will damit nicht sagen, daß ich runterspringen wollte oder so, das kam erst später. Nein, ich fand es dort einfach sehr schön. Es war der erste Ort in England, der mir gefiel. Ich setzte mich hin und blickte Stunde um Stunde in die Schlucht.

Ich sprach mit niemandem. Ich fühlte mich nicht nach Reden. Ich schwieg. Ich schwieg den ganzen Tag. Sogar als ich an diesem Nachmittag nach Hause kam und so tat, als ob ich in der Schule gewesen sei, ging ich ganz einfach direkt in mein Zimmer und legte mich hin. Schweigen. Schweigen. Ich wollte das, was in meinem Kopf vorging, nicht stören. Irgendwo da drinnen war eine Woge aus Druck, ganz tief innen, an einem Fleck, den ich nur vage kannte, dort, wo die Tiger herumstrichen, eine Woge aus Druck, die sich auftürmte wie die Wellen in Durban, auf denen die Wellenreiter dahinschießen, riesige Brecher, eine Woge aus Energie, Kraft, Zorn, Furcht, die einen Surfer wie einen alten Korken zur Seite schleudern kann, eine Woge, die einen dorthin unter das Wasser ziehen kann, von wo aus man nie wieder hochkommt, so, wie es in Durban manchen Wellenreitern erging. Aber wenn sie die Welle richtig nahmen, dann konnten sie auf ihr den Ritt ihres Lebens machen. Deswegen schwieg ich. Ich wollte diese Woge richtig nehmen und nicht von ihr in den Abgrund gezogen werden. Ich wußte: Wenn mit dieser Welle etwas schiefläuft, dann ist es aus.

Ich schwieg. Aber ich trank eine Cola in einem der Cafés am Trödelmarkt, wo die Leute hingehen, die »in« sein wollen. Dort machte mich keiner blöd an. Sie ließen mich einfach schweigen. Und keiner fragte, warum ich nicht in der Schule war.

Das war das erste Schweigen, die späteren wurden noch schlimmer. Die Leute müssen geglaubt haben, daß ich zu spinnen anfing, und vielleicht hatten sie ja auch recht.

Am Tag nach dem ersten Schweigen redete ich wieder, zumindest mit meiner Familie. Aber in der Schule konnte ich ruhig weiterschweigen – mit mir sprach sowieso niemand.

Die einzige Ausnahme war John Patel. Er war ein Inder, wahrscheinlich ein Hindu, und in Johannesburg hätte er gar nicht auf meine Schule gehen dürfen, weil diese Schulen dort nur für Weiße waren. Ich weiß gar nicht, warum er eigentlich mit mir redete, sehr freundlich war er nicht, und außerdem konnte ich ihn immer noch nicht richtig verstehen.

Er fragte, warum ich nicht die Schule wechselte. Am liebsten hätte ich ihm gesagt, daß in Südafrika ein Inder lebensmüde sein muß, wenn er in so einem Ton mit einem Weißen spricht. Statt dessen sagte ich: »Was geht dich das denn an?«

»Ich frag doch nur«, sagte er, »du mußt ja nicht antworten. Hier scheint dich niemand besonders zu mögen.«

Ich drehte mich um. Ich brauchte keinen Inder, um mir das sagen zu lassen. Das war kein Vorurteil, bei einem Weißen hätte ich genauso sauer reagiert.

Ein Riesenschock erwartete mich an diesem Tag auch noch hinter dem Fahrradstand. Ich ging dorthin, weil ich allein sein wollte, sah dann aber Lloyd, diesen einen Schwarzen, und Donna Preston. O Gott, mir lief es kalt den Rücken hinunter, ich kann gar nicht sagen, wie. Donna ist weiß, sieht sehr gut aus, und das, was sie tat, konnte ich einfach nicht verstehen. Sie knutschte doch tatsächlich mit Lloyd herum, ihre Lippen genau auf seinen. Ich dachte, verdammt, die beiden wollen wohl Ärger. Die werden bestimmt wegen widernatürlichen Verhaltens eingesperrt. Aber trotzdem konnte ich nicht anders und mußte sie immer weiter anstarren und anstarren und anstarren.

Nachdem die Schauer auf meinem Rücken langsam nachgelassen hatten, ging mir auf, daß so etwas in England ja ganz okay ist. Aber trotzdem, mir war die Sache widerlich. Ich versuchte ganz rational zu sein, schließlich war ich doch kein Rassist oder so etwas. Aber es gibt Sachen, da verselbständigt sich der Körper, und dann passiert es, daß es einem kalt den Rücken hinunterläuft. Das hatte ich ja nicht gewollt, als ich die beiden so rumknutschen sah.

Inzwischen war Lloyd natürlich stocksauer, weil ich ihn und Donna immer weiter anstarrte.

»Verpiß dich«, sagte er, und diesmal gab es keine Verständigungsprobleme.

Ich ging zurück ins Klassenzimmer, und Mrs. Carter, die Englischlehrerin, ließ uns »Macbeth« aufschlagen, unsere Shakespeare-Lektüre für dieses Jahr. Das Stück ging mir auf den Geist. Seitdem Macbeth den König hatte ermorden lassen, sah er vor, hinter und neben sich dauernd Geister, in seinem Kopf wimmelte es von Skorpionen, und Lady Macbeth begann total auszurasten. Sie hörte nicht auf, ihre Hände zu waschen, um das Blut davon abzukriegen. Außerdem wußte ich, daß Macbeth am Ende des Stücks um einen Kopf kürzer sein würde. Mrs. Carter wollte, daß ich eine der Rollen las, aber ich wurde weiß, ich meine blaß, und glaubte, gleich ohnmächtig zu werden. Das Blut schien schneller aus meinem Kopf zu schießen, als das Herz es hineinpumpen konnte. Ich versuchte mich zu beruhigen.

Mrs. Carter las irgend etwas, aber ich wußte nicht, was, konnte kaum etwas anderes als mein eigenes Herzklopfen hören.

»Geht es dir nicht gut, Selwyn?« fragte sie.

»Doch, es ist alles in Ordnung.«

»Warum liest du denn nicht? Du bist dran!«

»Ja, gleich.«

Ich fühlte die Woge aus Druck tief in mir drinnen, und ich fühlte, wie die Tiger sich heranpirschten, fertig zum Sprung. Ich mußte bereit sein. Eine falsche Bewegung, und ich war erledigt. Ich konnte den Brecher jetzt hören, wie er sich da neben mir zu einem gigantischen Bogen auftürmte, über mir, durch mich hindurch. Ich versuchte, mich nach vorn zu stürzen, um ihn an der richtigen Stelle zu erwischen, landete aber auf dem Rücken. Die Welle stürzte sich über mich, schmeckte nach Salz, Sand, Algen und Muscheln.

Ich sah, wie das Buch aus meinen Händen flog. Dann erinnere ich mich noch, wie John Patel seine Hand nach mir ausstreckte, damit mein Kopf nicht auf dem Meeresgrund zerschmetterte, und wie seine braune Hand an meiner blassen, weißen Wange lag, bevor ich das Bewußtsein verlor. Es ist wirklich komisch, aber als ich wieder zu mir kam, glaubte ich, Musik gehört zu haben, wahrscheinlich Jazz. Ein paar E-Gitarren, ein Synthesizer, ein Tenorsaxophon verschlangen sich um eine Melodie. Ich kann mich nicht genau erinnern, ob auch ein Schlagzeug dabei war, eher wohl nicht.

Ich lag im Krankenzimmer. Mrs. Carter war da und eine andere Frau, die ich noch nie gesehen hatte, wahrscheinlich die Schulschwester. Keine von beiden nützte mir etwas.

»Selwyn, geht es dir besser?«

»Sollten wir nicht seine Mutter anrufen?«

»Meinen Sie, daß er etwas Wasser haben möchte?«

»Nein, legen Sie lieber ein feuchtes Tuch auf die Stirn.«

»Ist das der Junge aus Südafrika?«

Südafrika – Südafrika – hörte ich die Worte in meinem Kopf dröhnen, als kämen sie aus dem Nichts.

Südafrika? Gab es das überhaupt, oder hatte ich nur davon geträumt? Hatte ich wirklich Philemon Majodena umgebracht? Das konnte doch nicht wahr sein. Wer hätte auch gedacht, daß der Junge so viel Blut in sich hatte? Es muß ein Traum gewesen sein. Ein Land der Tiger. Südafrika? Mit seinen schönen violetten Bergen, den Drakensbergen, die gegen den blauen Himmel wie Kathedralen aufleuchten. Paviane lachen auf den steinigen Felsen, Puffottern versteckt im staubigen Gras, die nur darauf warten, ihr Gift in den nächsten fehlgesetzten Fuß zu spritzen. Schmetterlinge, Malachitschmetterlinge, glänzen metallicblau in den Sträuchern. Und Flüsse, klar wie Kristallglas, die tief hinabstürzen, Mapopoman und Tugela. Die Howick-Wasserfälle. Hundertvierzig Meter stürzen sie in die Tiefe. Und ich klettere allein zum Grund der Wasserfälle. Im Morgengrauen, bevor die anderen aufwachen. Wie ich vom Grund hinauf in das niederschießende Wasser blicke. Direkt aus dem blauen Himmel schießt es heraus. Mein Kopf dreht sich. Was ist das Gegenteil von Höhenangst? Wenn man so tief unten ist und alles so hoch aussieht, daß es sich im Kopf zu drehen beginnt. War es ein Traum? Wer hätte so etwas wie die Howick-Wasserfälle erträumen können? Wer hätte jemals Südafrika erträumen können? Wer hätte Philemon Majodena erträumen können, der in einem See aus Blut hinter dem Lagerhaus meines Vaters liegt?

Ein Traum, der begann, als ich am Kap der Guten Hoffnung geboren wurde.

Durch meinen Kopf schossen Bilder aus meiner Kindheit, die eine größere Wirklichkeit für mich beinhalten, als es Bristol oder England je könnten, selbst wenn ich hier tausend Jahre alt werde.

Kapstadt, die Stadt, in der ich geboren wurde. Der Tafelberg mit seinem weißen Wolkentischtuch, der sich die ersten sieben Jahre meines Lebens über mir türmte. Das Haus mit Blick auf den Teufelsspitz, und dahinter, weit entfernt, die Zwölf Apostel, die auf denselben Atlantik schauen, dessen Wellen gegen die Küste Englands schlagen.

Ag nein, Mann, es ist einfach unmöglich! Fangen wir noch einmal von vorne an, oder schmeißen wir die Sache ein für allemal hin.

»Seine Mutter kommt gleich.«

»Sehr gut.«

»Er hat wieder etwas Farbe im Gesicht, finden Sie nicht auch?«

»Ich weiß nicht.«

Wandern mit meinem Vater. Wenn ich müde bin, trägt er mich huckepack, und ich schlinge die Arme um seinen Hals. Khakifarbene Safarikleidung und feste Stiefel. Rucksäcke und belegte Brote. Dicke Wanderstöcke, falls sich irgendwo der häßliche Kopf einer Schlange zeigen sollte. Der Farbige, der unser Bergführer sein wollte, aber Vater sagte, daß er keinen bezahlten Führer braucht, um seinen Weg zu finden.

»Selly, was ist denn passiert?«

»Er ist eben in der Englischstunde ohnmächtig geworden.«

»Ag bitte, Selly, sag doch was. Ich bin's, Ma.«

Ma. Sie nimmt mich und Lynette zum Strand nach Muizenberg mit. Malt mit Wasserfarben ein Bild auf ihrer Staffelei, orangenfarbige Ringelblumen, spielt im weißen Rock Tennis, kocht mir Pudding, wenn ich mit Bronchitis im Bett liege, weint, wenn der Alte sich über ihre Bilder lustig macht. Ma. Mir geht's gut, Ma. Ich denke, mir geht's gut.

»Selly, sag doch was, ich bin's, Ma.«

Ich sage ja was, Ma, kannst du mich nicht hören?

»Hast du etwas gesagt, Selly?«

»Ja, Ma, mir geht's gut. Oupa ist weit weg von zu Hause gestorben, nicht wahr?«

»Ag, Selly, denk jetzt nicht an so etwas. Unser Zuhause ist doch nun in England. Wir müssen unsere Sorgen vergessen. Jetzt mußt du erst mal gesund werden.«

3

Mein Alter arbeitete sehr viel, um sich in Bristol eine neue Existenz aufzubauen. Leicht war das für ihn sicher nicht. Davon, wie der Handel in England läuft, hatte er bei unserer Ankunft keine Ahnung, das mußte er erst lernen. Vor allem, was die englischen Lebensmittel angeht, die sind anders als in Südafrika. Ich vermisse noch immer meine Jungle-Oats-Haferflocken und die Black-Cat-Erdnußbutter. So gute Säfte wie die von Liquidfruit gibt es auch nicht. Also mußte mein Alter wirklich wie ein Verrückter arbeiten. Oft ging er um sieben Uhr morgens aus dem Haus und kam nicht vor zehn Uhr abends zurück. Wahrscheinlich wollte er ganz groß rauskommen, damit wir eines Tages wieder denselben Lebensstandard wie in Südafrika hatten. Ich glaubte zwar nicht daran, aber trotzdem.

Auch in Johannesburg hatte er schon wie ein Verrückter gearbeitet, um den Großhandel aufzubauen. Als er die Firma übernahm, hatte er nur Geschäfte in Johannesburg mit Lebensmitteln beliefert, aber bis zu unserem Umzug war sein Kundenkreis auf den ganzen Rand ausgedehnt, von Springs bis nach Randfontein.

In Bristol bekamen wir ihn kaum mehr zu sehen, und wenn, dann war er so schlecht gelaunt, Mann, du glaubst es nicht! Er ist schon zu seinen besten Zeiten launisch, mein Alter, aber wenn er müde ist, dann führt er sich auf wie der Teufel mit einem Hühnerauge auf dem großen Zeh.

Ma konnte es nicht ausstehen, wenn er so war. Sie sagte

dann immer, er solle sich auf Diabetes untersuchen lassen, weil sie mal irgendwann gelesen hatte, daß Zuckerkranke furchtbar launisch sind, wenn ihr Blutzuckerspiegel nicht in Ordnung ist. Aber er ließ sich nie untersuchen, weil sie das glaubte, nicht er.

Ma blieb nichts anderes übrig, als das Beste aus der Lage zu machen. Auch für sie war die Situation schwierig, weil sie noch nie in ihrem Leben einen Beruf gehabt hatte, und nun arbeitete sie drei Tage in der Woche bei einem Immobilienmakler. Der größte Teil der übrigen Zeit ging mit Kochen und Hausarbeit drauf. Sie sei nicht mehr als ein Dienstmädchen, jammerte sie meinem Alten vor. Für sie muß es auch wirklich eine Wahnsinnsumstellung gewesen sein. Früher war sie doch wie ein Star gewesen, Mann. Ich meine, sie war an Tausende von Freunden um sich herum gewöhnt.

In dieser ersten Zeit in Bristol muß sie sehr einsam gewesen sein. Sie war nicht mehr so fröhlich wie früher, als sie immer mit Stelly und mir gequatscht und Lynette in Australien angerufen hatte, um ihr das Neueste vom Neuen zu erzählen. Nein, sie zog sich einfach in ihr Schneckenhaus zurück und heulte los, wenn man es überhaupt nicht erwartete. Sie tat mir leid.

Sie hatte noch nie Kontaktschwierigkeiten gehabt, aber in England ist es nicht so leicht, Bekanntschaften zu machen. Wenn man in Südafrika jemanden kennenlernt, der einem sympathisch ist, dann sagt man einfach: »Hey, haben Sie nicht Lust, am Sonntag zum Braai zu kommen?« Braai ist die Kurzform von Braaivleis, was soviel wie Grillen bedeutet, ein richtiges südafrikanisches Grillen mit T-Bone-Steak und Koteletts und Boerwors – dafür gibt es einfach kein anderes Wort, vielleicht könnte man Bauernwürste sagen. Sie sind einfach köstlich! Dann gab es noch Wassermelone und Cola oder Bier für die Erwachsenen. Selbst wenn man sich zum ersten Mal getroffen hat, wird der Eingeladene am Sonntag zum Braai kommen, und danach ist man dann befreundet – schön einfach, nicht wahr? Aber in England gehen die Uhren anders. Ma sagt, daß nie jemand zum Essen kommen würde, wenn man ihn nicht schon mindestens ein paarmal im Pub getroffen hat. Keine Ahnung, warum die Leute so zu sind, vielleicht haben sie Schiß vor Bakterien oder so. Oder es liegt daran, daß es in diesem Land so hundekalt ist. Vielleicht will keiner in die Wohnung des anderen gehen, es könnte dort ja kälter als in den eigenen vier Wänden sein.

Ma schaffte es nicht, sich wieder so einen Bekanntenkreis wie in Südafrika aufzubauen, aber wahrscheinlich lag das auch daran, daß sie drei Tage in der Woche arbeiten mußte. Auch die anderen zwei Tage waren nicht so randvoll mit Verabredungen und Besuchen wie in Johannesburg. Viel Zeit verbrachte sie damit, sich zu frisieren, zu schminken und zu parfümieren. Sie versuchte ihre Jugend wieder zurückzuholen. Aber nicht einmal alle Wohlgerüche Arabiens hätten ihre Sorgen verdecken können.

Wegen Stelly brauchte sie sich keine Gedanken zu machen. Nein, Stelly hatte sich in der Schule gut eingelebt und viele Freunde gefunden. Damals dachte ich, daß ich es sei, um den sie sich sorgte. Bis ich dann später herausfand, daß das gar nicht stimmte. Ich glaubte, sie würde sich darüber Gedanken machen, daß ich keinen Anschluß fand und mit der Schule nicht zurechtkam, den Tod von Oupa nicht verarbeitet hatte und in der Schule ohnmächtig wurde. Aber später begriff ich, daß dies meine großen Sorgen waren, nicht ihre.

Einmal hatte sie sich wirklich Sorgen um mich gemacht. Damals, als ich sieben Jahre alt war und unsere Familie nach Johannesburg zog. Das war ein Jahr nachdem Stelly zur Welt gekommen war und Lynette in die siebte Klasse kam. Der Grund für den Umzug war meine Bronchitis. Kapstadt ist auf Meereshöhe, Johannesburg dagegen liegt auf dem Hochveld, tausendsiebenhundertfünfzig Meter über dem Meeresspiegel. Für Leute, die an Bronchitis leiden, soll diese Höhe gut sein, und tatsächlich war es bei mir auch so. Die Sache verschwand einfach. Kein einziges Mal in der ganzen Zeit, in der wir in Johannesburg lebten, bekam ich Bronchitis. Dabei hatte ich in Kapstadt jede zweite Woche zu Dr. Weiss gemußt, der meinen Brustkorb untersuchte und an meinen Ohren, meiner Nase und meinem Hals mit kleinen Stäbchen und Werkzeugen hantierte. Wegen all dem Zeug, das ich durchmachte, schenkte er mir manchmal Gummifiguren von Dopey oder Snoozy und so. Schließlich besaß ich die ganzen Disney-Schneewittchen-Zwerge.

Als wir damals nach Johannesburg umgezogen waren, hatte ich am Anfang auch große Schwierigkeiten. Ich denke, daß das in Bristol mein Hoffnungsschimmer war, sonst hätte ich aufgegeben. Es hatte über ein Jahr gedauert, bis ich mit den anderen Kindern vertraut geworden war. Aber mit einigen der Freunde, die ich in dieser Zeit gewann, war ich dann befreundet, bis ich Johannesburg wieder verließ. Dazu gehörten Joel und Gav.

Wahrscheinlich gehöre ich einfach zu den Menschen, die sich nicht so schnell umgewöhnen können. Aber ehrlich, nur zwischen euch und mir und dem Mondschein, in Bristol wurde alles für mich mit jedem Tag nur noch übler und übler.

Jeder Tag, den ich schwänzte, verschlimmerte die Lage. Dabei machte ich mindestens einmal die Woche blau, manchmal öfter. Ich dachte, die Schule hätte meine Eltern verständigt, aber bisher hatte noch niemand einen Ton zu mir gesagt. Wenn ich jetzt daran denke, dann kann ich gar nicht verstehen, warum nichts unternommen wurde. Schließlich schrie ich ja geradezu danach, oder etwa nicht?

Ich ging immer zu demselben Platz, von dem aus man einen guten Blick in die Schlucht von Clifton und auf die Hängebrücke hat. Jedesmal, wenn ich dort war, versuchte ich das Schweigen zu spüren. Versuchte zu erlauschen, ob eine andere Welle am Anrollen war. Mit der letzten war ich nicht gerade bestens fertig geworden.

Mittlerweile wußte ich, daß die Brücke ein beliebter Platz für Selbstmörder war, aber ich verstand nicht, warum. Das war so eine schreckliche, eklige Art, sich umzubringen. Aber ich hatte ein auf der Brücke angebrachtes Flugblatt der Samariter gesehen, durch das sie die Leute wohl dazu bringen wollten, bei ihnen anzurufen, anstatt zu springen, dabei war weit und breit keine Telefonzelle zu sehen.

Es ging ungeheuer tief in die Schlucht hinunter. Dieser Typ, Brunel, der Erbauer, muß ganz schöne Nerven gehabt haben, eine Brücke über so einen Abgrund zu bauen. Das mußte ich auch tun, unbedingt. Eine Brücke über den Abgrund bauen, der sich seit unserem Umzug nach England in mir aufgetan hatte, den Abgrund, der jeden Tag tiefer und breiter wurde. Ich fragte mich, wer heute der Brunel war, der die Kluft in mir überbrücken könnte. Jedenfalls keiner von den Samaritern.

In dieser Zeit las ich auch etwas über Brunel. Offensichtlich hatte er in dem Ort Box mal einen Tunnel gebaut. Wo Box liegt, weiß ich nicht, aber jedenfalls konstruierte er den Tunnel so, daß jedes Jahr einmal – nämlich an seinem Geburtstag – die Sonne genau durch die Mitte des Tunnels scheinen konnte. Das einzige, was er nicht bedacht hatte, war, daß man in diesem Land nie davon ausgehen kann, daß die Sonne auch scheint. Brunel hätte etwas wirklich Geniales erfinden müssen, um im Notfall die Wolken an seinem Geburtstag zu verscheuchen, damit die Sache auf jeden Fall funktionierte.

Die Idee an sich kannte ich schon. Wißt ihr woher? Vom Voortrekker-Monument in Pretoria. Dieses Monument ist ein riesiges Bauwerk, das innen größtenteils hohl ist. Unten ist eine Gruft oder so etwas Ähnliches, darauf eine Heldenhalle. Irgendwo im Dach gibt es ein winzig kleines Loch, und einmal im Jahr, am Jahrestag der Schlacht am Blyde River, fällt das Licht so in die Gruft, daß genau ein dort unten liegender symbolischer Grabstein angestrahlt wird. Das Monument erinnert an den Großen Treck und das Gelöbnis der Voortrekker, immer und ewig diesen Tag im Gedächtnis zu behalten, wenn Gott am folgenden Tag ein Wunder geschehen lassen und ihnen einen Sieg über die Schwarzen bescheren würde. Die Voortrekker waren stark in der Minderheit, aber sie hatten Gewehre, die Zulus dagegen nur ihre kurzen Stichwaffen, die Assagais.

Na ja, daß die Voortrekker gewannen, brauche ich kaum zu erwähnen, sonst gäbe es in Pretoria ja nicht dieses Riesenmonument. Und jedes Jahr gibt es deswegen einen Feiertag, an dem Tausende von Buren ihre Überlegenheit gegenüber den Schwarzen feiern. Seit dieser Schlacht heißt der Fluß »Blyde River«, denn an jenem Tag soll das Wasser darin rot vor Blut gewesen sein.

Einmal war ich auch dort, aber eher als Tourist und nicht wegen des Feiertags. Ich stieg den ganzen Weg bis hinauf zur Spitze, denn das Denkmal ist fast so hoch wie ein Wolkenkratzer und bietet einen unglaublichen Blick auf das Umland. Als ich von dort oben die Umgebung betrachtete, hatte ich kaum Höhenangst. Aber drinnen, ganz oben in der Kuppel, gibt es eine Stelle, bei der mir vor Angst fast schlecht wurde. Die Kuppel ist wie ein Ei geformt, und auf Stufen geht man die Krümmung hinauf, bis man zur Spitze des Eis kommt. Hier ist nun ein Geländer, über das man hinunter bis zum Boden blicken kann. Sogar die Gruft kann man sehen, glaube ich, aber vielleicht täusche ich mich da auch – es ist schon so lange her, seit ich dort war.

Dieses Gefühl, als ich über das Geländer blickte, erschreckte mich maßlos. Vielleicht leide ich ja an Höhenangst – aber das eigentlich Furchtbare war gar nicht die Angst davor, daß ich hinunterstürzen könnte oder so, sondern eine idiotische Stimme in meinem Kopf, die mir zuflüsterte: »Spring doch! Spring doch! Spring doch!« Ich hab das nie verstanden. Aber genauso wie damals ging es mir nun in England, wenn ich am Rand der Schlucht von Clifton saß. In mir hörte ich die Stimme sagen: »Spring doch! Spring doch! Spring doch!« Das sollte jedoch nicht heißen, daß ich von der Klippe vor mir springen sollte, sondern von den Klippen in mir selbst.

Es gab da mal einen Dichter, der hieß Gerard Manley Hopkins und kannte sich mit diesen inneren Klippen sehr gut aus. Er sagte, daß es im Kopf jedes Menschen Berge gibt, mit steil in die Tiefe fallenden Klippen, die angst machen und menschenunermeßlichtief sind. Das ist doch ein aufregendes Wort, menschenunermeßlichtief, oder? Ich meine, die Schlucht von Clifton ist tief, aber die Abgründe in einem drinnen sind menschenunermeßlich. Gott, bei diesen Gedanken bekam ich solche Angst! Und dennoch ging ich weiterhin jede Woche zur Schlucht. Ich glaube, dieses Gefühl müssen Fallschirmspringer immer wieder haben, wenn sie hoch oben in einem Flugzeug auf ihren Sprung warten – nur hatte ich im Gegensatz zu ihnen keinen Fallschirm!

Einmal, nachdem ich ein paar Stunden an der Schlucht gesessen war, ging ich in das eine Café beim Trödelmarkt, trank eine Cola und setzte mich eine Weile hin, um mir die In-Typen anzusehen. Ich selbst bin absolut kein In-Typ, aber ich seh mir diese Szeneleute ganz gerne an. Sie machen aus der Welt ein Kino, in dem die Schauspieler jeden Tag ein anderes Kostüm tragen.

Aber dieses eine Mal, von dem ich jetzt erzähle, waren es nicht die In-Typen, die die Welt zum Kino machten, ganz und gar nicht, und außerdem war der Film total verrückt! Es war einer dieser Filme, bei denen man keine blasse Ahnung hat, was eigentlich los sein soll. Das kann daran liegen, daß der Film nicht ganz gezeigt wird, wie es oft in Südafrika passiert, wo die Regierung alle Filme – und Bücher – zensiert, die irgend etwas mit Sex oder Kommunismus zu tun haben – oder weil der Film einfach Mist ist, wo man nie weiß, warum wer was tut.

Ich kann es immer noch nicht glauben, aber es passierte folgendes: Ich gehe gerade zum Trödelmarkt und sehe über die Straße. Dabei fällt mir dieser schicke rote Schlitten auf, ein Porsche oder Mercedes-Sportwagen oder so was in dem Stil, ich kenne mich da nicht so aus. Und dann sticht mir noch etwas ins Auge. Ich hab ja schon erzählt, daß ich kein Rassist bin, aber wenn ich so etwas sehe, woran ich einfach nicht gewöhnt bin, dann läuft es mir kalt den Rücken hinunter. Also, ich sehe, wie dieser schwarze Typ den Arm um eine weiße Tussi legt und sie nah an sich heranzieht, um sie zu küssen. In mir macht sich ganz automatisch dieses komische Gefühl breit, ohne daß ich das gewollt hätte. Das Pärchen schaut sich mit Turteltaubenblicken an – ich seh das alles von hinten, aber das Ganze fasziniert mich so, daß ich meine Augen nicht von den zweien lassen kann. Dann steigen die beiden aus dem Auto, der Typ geht hinüber zu der Frau, legt den Arm um sie und führt sie zu dieser zusammengequetschten Häuserreihe. Der Typ fummelt kurz an seinem Schlüsselbund rum, dann öffnet er die Tür zu seiner Bude und läßt sie rein. Aber kurz bevor sie hineingehen, schaut sich die Frau mißtrauisch um, ob sie nicht etwa beobachtet wird. Mann, schon diese eine kleine Bewegung verriet, daß sie eine Affäre mit dem Kerl hatte.

Aber genau da wird der Film total verrückt, und wenn nicht der Film, dann eben mein Kopf. Ich erkenne nämlich die Frau. Ich hab sie schon mal gesehen. Natürlich hast du das, du idiotischer, verblödeter Hohlkopf: Es ist deine Mutter!

Verdammt, in meinem Kopf dreht sich alles! »Laß den Film noch mal laufen!« brülle ich dem Filmvorführer zu, aber das Paar schließt die Tür hinter sich und geht rauf, um was weiß ich miteinander zu machen.

Danach wußte ich nicht mehr, wo mir der Kopf stand. Ich konnte mich doch nicht ins Café setzen, während meine Mutter es da drüben mit irgendeinem Schwarzen trieb, der genügend Kohle für einen Porsche besaß. Warum? Warum? Warum? Warum?

Verdammt, ich wußte, daß meine Mutter gerne Leute um sich hatte, aber sie war doch keine Nutte!

Ihr könnt mir glauben, wenn sich die Erde unter meinen

Füßen geöffnet hätte und ich bis zum Erdmittelpunkt gefallen wäre, es hätte mich nicht mehr schockieren können. Eigentlich passierte ja auch genau das: Ich fiel und fiel, so wie Alice im Wunderland, die an einer Stelle im Buch auch immer fällt und fällt und fällt, für immer und ewig, und nicht weiß, wer oder was sie sein wird, wenn sie unten ankommt.

Dieser Sturz ging unendlich tief.

Einmal, es war am Tag vor Weihnachten, stürzte mein Alter einen Liftschacht in Roodepoort hinunter. Nein, das hab ich mir nicht ausgedacht: Acht Meter fiel er durch den Liftschacht!

Er war auf einer Party von einer dieser großen Lebensmittelfirmen. Als die Gäste zu gehen beginnen, verabschiedet er sich, ist nur ein bißchen angedudelt, aber nicht betrunken. Damals trank mein Alter generell nie viel, aber Gott sei Dank war er doch ein bißchen angeheitert. Das rettete ihm das Leben, sagte der Doktor später. Durch den Alkohol blieb sein Körper während des Sturzes entspannter. Also, er sagt allen auf Wiedersehen, geht zum Lift, drückt auf den Knopf – er ist im dritten Stock! –, und die Tür geht auf. Er unterhält sich noch immer mit den Leuten, schaut nicht nach vorne und tritt in den Lift, so wie es jeder tun würde, betrunken oder nicht. Das einzige Problem ist – es ist gar kein Lift da! Die verdammte Technik spielt verrückt, und der Lift klemmt unten im Erdgeschoß!

Ihr werdet das Ganze nicht glauben, aber ich schwöre, daß es die Wahrheit ist, denn ich hab das Foto gesehen, das mein Alter am nächsten Tag von dem Lift gemacht hat. Das Dach über der Kabine wartete nur darauf, daß mein Vater darauf fallen würde, und es war aus massivem Stahl – Stahl, der nicht nur furchtbar dick war, sondern aus dem auch schreckliche Gebilde ragten, Spitzen riesiger Bolzen und zackige Teile, die zum Flaschenzug gehörten. Ich stehe noch immer unter Eid und lüge deshalb bestimmt nicht! Das gesamte Dach des Lifts bestand aus massivem Metall – außer einer hölzernen Falltür, so groß wie eine normale Falltür, also ungefähr ein halber Quadratmeter oder so. Und wo fällt mein Alter hin? Genau durch die hölzerne Falltür! Mann, glaubt ihr an Wunder? Wenn es je eines gegeben hat, dann war das eines.

Die Partygäste sahen, wie mein Alter in den Schacht stürzte, und liefen die Treppe runter, um unten den Matsch aufzuwischen. Aber als sie im Erdgeschoß ankommen, wandelt ihnen aus dem Lift ein lebendiger Geist entgegen – als ob er die drei Stockwerke ganz normal mit dem Lift gefahren wäre! Das einzige sichtbare Zeichen des Sturzes war ein Kratzer zwischen den Augenbrauen. Und wißt ihr, woher er den hatte? Auf dem Boden des Lifts stand eine Dose mit Bohnerwachs. Und als mein Alter durch die Falltür stürzte, stieß er mit der Stirn dagegen. Aber das war alles. Außerdem hatte seine Jacke einen Riß, so einen, wie ihn der Rabbi bei einer Beerdigung hineinschneidet, nur ein paar Zentimeter lang, mehr nicht. Mein Vater kommt aus dem Lift heraus, die anderen Gäste scheuen vor ihm zurück. Sie glauben, daß er ein Geist ist oder so etwas. Und er sagt noch einmal tschüs, steigt unverletzt ins Auto und fährt sich selbst zum Krankenhaus. Keine inneren Verletzungen, nichts! Was sagt ihr dazu?

Na ja, als ich dann sah, wie meine Mutter mit diesem Kerl rumknutschte, dachte ich, wofür zum Teufel war das Wunder nur gut, das meinen Alten damals rettete? Damit er nach England gehen und seine Frau ihn hier betrügen konnte?

Das Loch, in das ich an diesem Tag fiel, war tiefer als der Liftschacht, und für mich gab es keine hölzerne Falltür, die den Aufprall gemildert hätte. Ich fiel mit voller Wucht auf den Stahl, und meine ganze Welt zerbarst im Hauch einer Sekunde.

Wie nur sollte ich dieser Frau jemals wieder in die Augen blicken können? Und was sollte ich meinem Vater sagen? Hey, Alter, deine Frau treibt es mit diesem Typen, den du neulich kennengelernt hast – ja, genau, der eine Schwarze, der mit seiner Frau zur Beerdigung kam. Doch, der, glaubst du denn, daß ich so etwas zum Spaß erzähle?

Ich konnte ihm das einfach nicht sagen. Mit seinem Vater über so etwas zu sprechen ist schon so nicht leicht. Ich wußte, daß ich schweigen mußte, so wie der Zeuge von einem Mord, der von dem, was er gesehen hat, völlig gelähmt ist.

Wie sollte ich nur zu Hause weiterleben können? Diese Scheinheiligkeit! Es ist schlimm genug, wenn man in einer Coca-Cola-Familienkulisse leben muß, in der alles verlogen ist. Aber wenn man die Scheinheiligkeit dann noch ständig reingewürgt bekommt, Tag und Nacht – das ist zuviel.

War das wirklich meine Mutter? Die Frau, aus der ich vor fünfzehn Jahren herausgeschnitten werden mußte? Ich konnte es einfach nicht glauben. Vielleicht war es ja nur ein Klon von ihr oder so, das könnte ich mir noch eher vorstellen.

Noch auf dem Heimweg wurde mir schlecht, ich übergab mich am Rinnstein. Und als ich schließlich zu Hause war, mußte ich mich noch einmal im Bad übergeben. Damit fing das nächste Schweigen an, und ich wußte, daß es dieses Mal lang anhalten würde.

4

Nachdem ich Ma in Clifton gesehen hatte, ging es mir sehr schlecht. Mit meinen Eltern konnte ich nicht reden, weder mit Ma noch mit meinem Alten. Ma war so und so meistens nicht da, und wo sie rumhing, das war ja nun kein Geheimnis mehr.

Mein Alter war auch dauernd unterwegs. Er sagte, daß er diese Woche viel zu tun hätte, und kam fast nie vor zehn Uhr abends nach Hause. Wenn sie aber zusammen waren, stritten sie wenig, also war mein Alter wohl ahnungslos.

Meine Mutter scheute vor nichts zurück. Sie hatte sogar die Nerven, den schwarzen Typ und seine Frau zum Abendessen einzuladen. Ich konnte es einfach nicht fassen: Sie stylte sich total und benahm sich, als ob sie die Leute schon seit Ewigkeiten kennen würde, dabei waren es höchstens eineinhalb Monate.

Das Auto, das an dem Abend vor unserem Haus stand, war dasselbe, das ich in Clifton gesehen hatte. Es war kein Porsche, sondern ein Mazda. Ich konnte einfach nicht mit ihnen rumsitzen und dieses falsche Getue anschauen, denn vor seiner Frau und meinem Alten taten die beiden, als sei nichts weiter los. Mann, es war, als ob ein Fluß stinkender Scheiße genau unter dem Tisch durchfloß, an dem sie aßen.

Das Ganze war zum Kotzen. Ich ging in mein Zimmer, setzte mich aufs Bett und ließ den Kopf hängen wie ein kastriertes Schaf. Ich sprach nicht, ging nicht zum Essen nach unten – tat einfach nichts! Ich saß da, den Kopf in den Händen. Ich weinte nicht. Saß nur ganz langsam da – falls ihr versteht, was ich meine.

Sie unterhielten sich bis spät in der Nacht, dann hörte ich, wie der Mazda wegfuhr und wie Vater beim Raufgehen zu Ma sagte: »Wirklich nette Leute – und so gebildet!«

»Natürlich sind sie gebildet«, sagte Ma, »er lehrt doch an der Technischen Hochschule.«

Das gab mir einfach den Rest. Mein Alter findet, daß der Kerl ein netter Typ ist, während der Kerl selbst sich königlich mit der Frau meines Alten, ich meine mit meiner Ma, amüsiert, Tag für Tag.

Wenige Abende später, als Rosalie und ihre Mutter Ginny zu Besuch kamen, ging es mit dem verlogenen Getue weiter. Ich hatte gedacht, daß ich mich beim nächsten Mal mit Rosalie unterhalten würde, aber so, wie ich mich fühlte, wollte ich nur noch meine Ruhe haben. Am liebsten wäre ich rauf in mein Zimmer und damit der ganzen Sache aus dem Weg gegangen, aber das wäre noch auffälliger gewesen, denn es war klar, daß Rosalie nur wegen mir gekommen war, weil wir doch gleich alt sind.

Plötzlich war meine Mutter ganz die alte. Sie redete und erzählte, als ob der Weltuntergang bevorstehe und sie vorher noch soviel wie möglich schaffen müßte. Ginny und Ma verstanden sich gut.

Mein Alter kam wie üblich erst spätabends nach Hause, wie immer, aber er war zu den beiden Besuchern höflich. Bevor er heimkam, hörte ich, wie Ginny und Ma sich über schwarze Männer unterhielten, über ihr tolles Rhythmusgefühl und ihre geschmeidigen Körper. Ich dachte, ich müßte mich gleich übergeben, hielt mich aber zurück. Außerdem muß ich zugeben, daß Ginny mit dem Thema angefangen hatte. Ginny ist geschieden und redet viel über solches Zeug.

Als mein Alter dann nach Hause kam, dachte ich, prima, jetzt hab ich meine Pflichten getan. Bis zehn war ich unten geblieben, aber das reichte dann auch. Ich sagte, ich hätte Kopfweh und würde deshalb raufgehen. Mit Rosalie hatte ich trotz meines guten Vorsatzes nicht gesprochen.

Was als nächstes passierte, überraschte mich völlig. Rosalie stand auch auf. Herr des Himmels! Sie sagte ihrer Mutter, daß sie mit mir raufgehen wollte und daß sie sie rufen sollte, wenn sie heimging.

Ich saß in der Falle.

Noch nie war ein Mädchen in meinem Zimmer gewesen, noch nicht einmal in Johannesburg. Weißen Mädchen gegenüber fühlte ich mich nämlich sehr unsicher. Weißen Mädchen? Ja, wenn ich ehrlich bin, dann stimmt das. Ich weiß noch genau, wie ich einmal auf eine Party bei meinem Freund Irwin ging, auf der auch getanzt wurde. Damit die Sache in Schwung kam, spielten wir Flaschendrehen. Das Spiel kennt ja jeder. Die Jungen drehen eine Flasche und müssen dann diejenige küssen, auf die die Flasche zeigt. Es war das erste Mal, daß ich das Spiel mitmachte – und das letzte. Ich war damals dreizehn.

Die anderen Okes – die Wörter kann ich mir einfach nicht abgewöhnen, ein Oke ist ein Typ – machten, wenn sie drankamen, aus ihrer Küsserei eine große Show. Plötzlich war ich dran. Ich drehte die Flasche und hoffte dabei wirklich, daß sie in den Himmel oder sonstwohin deuten würde, damit ich niemanden küssen mußte. Aber natürlich passierte das nicht. Die Flasche zeigte geradewegs auf dieses eine Mädchen, auf Kerren. Kerren ist ganz in Ordnung, hübsch und jünger als ich. Sie ist die Schwester von Maxie, einem Typ aus meiner Klasse. Sie wartete auf den Kuß, aber ich war wie versteinert, oder besser: ich gefror. In England ist es kalt, und manchmal friert man, aber das Einfrieren an diesem Abend kam aus meinem eigenen Gehirn. Nichts bewegte sich mehr: Ich konnte nicht nach vorne, um sie zu küssen, und nicht nach hinten, um zu entkommen.

»Hey, Selly, du hast ja die Hosen voll!« rief Nobby.

»Mann, bist du ein Schwächling«, stichelte Maxie, »Kerren beißt schon nicht.«

»Los, küß sie endlich, wir wollen weitermachen. Ich bin als nächster dran«, schimpfte ein anderer.

»Ich küss' sie für dich«, sagte Joel.

Plötzlich gab es eine Millimeterbewegung in meinem Hirn – einen Gedankenmillimeter. Ich küßte meine Finger und berührte mit ihnen dann ihre Lippen.

»Das zählt nicht, du Domkop! Du mußt sie wirklich küssen!«

»Du mußt das schon richtig machen, Luftpost gilt nicht.«

»Warum warten wir eigentlich?«

Sie begannen, langsam mit den Händen zu klatschen.

Die ganze Zeit stand Kerren dicht bei mir und wartete auf ihren Kuß. Ich hätte ihr gern gesagt, daß es nicht war, weil ich sie häßlich fand oder so. Bestimmt nicht, ganz im Gegenteil. Es war, weil sie hübsch war. Ich hätte ihr das gerne gesagt, aber eingefroren, wie ich war, ging das nicht, und vor den anderen erst recht nicht.

»Noch eine Minute, Selly, und wir drücken eure Münder einfach zusammen, dann müßt ihr euch küssen.«

Ich sah Kerren an. Sie war hübsch, und sie bekam Mitleid mit mir, Gott sei Dank. Mit ihrer Hand berührte sie meine

Lippen, so daß ich die ersatzweise küssen konnte. Vorsichtig nahm ich die Hand und küßte die äußerste Spitze ihres rosigen kleinen Fingers – nur die äußerste Spitze, so verklemmt war ich.

Flaschendrehen spielte ich nie wieder.

Und jetzt marschierte ein Mädchen einfach mit in mein Zimmer. Auch so ein hübsches Mädchen! O mein Gott, Hilfe!

»Das mit dem Kopfweh war eine gute Idee«, sagte Rosalie.

Natürlich war es eine gute Idee, aber deswegen brauchte sie mir noch lange nicht in mein Zimmer nachzulaufen.

»Das Gerede von den beiden ist mir schon zu den Ohren rausgekommen«, plapperte sie weiter.

Ich wußte nicht, wo ich mich in meinem eigenen Zimmer verkrümeln sollte. Dem Bett wollte ich nicht zu nahe kommen, und den Stuhl überließ ich lieber ihr. Also lehnte ich mich irgendwie ans Fenster.

»Du bist nicht gerade gesprächig.«

Ich antwortete nicht.

»Gefällt es dir in England?«

Ich schüttelte den Kopf, um zu sagen: Nein, es gefällt mir nicht.

»Ich fand's am Anfang auch schlimm«, sagte sie. »In meinem ersten Jahr in England haben sich meine Eltern scheiden lassen.«

Sie erzählte mir alles darüber.

So, wie es klang, war ihr Vater wohl ein südafrikanischer Kommunist. In Südafrika wird jeder von der Regierung als Kommunist bezeichnet, der Ärger macht, um den Schwarzen zu helfen. Die Beschreibung von Rosalies Vater paßte genau dazu. In Johannesburg war er ins Gefängnis gesteckt worden, in Einzelhaft, wo er Monate bleiben mußte. Schließlich wurde er nach England abgeschoben. Ginny, seine Frau, folgte ihm, aber er konnte mit dem Anti-Apartheidskram nicht aufhören, während sie endlich mal Ruhe von der ganzen Politik haben wollte. Sie konnte die Sache einfach nicht mehr ertragen, und am Ende kam es zur Scheidung.

»Aber ich sehe meinen Vater immer noch oft. Er wohnt in Dorking, und am Wochenende fahre ich meistens hin.«

Dann sah sie mich an, wie mich noch nie jemand angesehen hat. Versteht mich nicht falsch, es war nicht, wie wenn man miteinander flirtet. Sie sah mich eher so an, als versuchte sie ein Puzzle zusammenzusetzen. Als ob sie Teile von mir suchte, die sie nicht finden konnte.

»Warum redest du nie mit mir?«

Ich antwortete nicht.

»Magst du mich nicht?«

Noch immer kam keine Antwort über meine Lippen, aber fast unmerklich schüttelte ich den Kopf.

»Bist du schüchtern?«

Ich deutete ein Nicken an.

»Jedesmal, wenn ich hierherkomme, denke ich, daß du mich nett findest, und bei der Beerdigung von deinem Oupa hast du mich die ganze Zeit angestarrt. Ich dachte, du magst mich zumindest ein bißchen.«

Von meinem Schreibtisch, neben dem sie stand, tat sie einen Schritt auf mich zu und war mir nun ganz nahe. Dann legte sie ihre Arme um meine Schultern, aber ich brach in Panik aus und schreckte zusammen. Diese Art von Nähe konnte in tausend Richtungen führen, und ich hatte vor jeder einzelnen Angst.

Sie ging wieder einen Schritt zurück.

»Entschuldige bitte«, sagte sie, »ich hab's nicht so gemeint. Wenn du willst, können wir uns auch nur unterhalten. Es ist schon in Ordnung.«

In diesem Moment hätte ich eine Million Rands dafür gegeben, um etwas aus meinem Mund zu bringen. Ich weiß nicht, was ich eigentlich hätte sagen wollen, das wäre auch egal gewesen, Hauptsache das Eis wäre gebrochen. Aber dieses Eis war so verdammt dick, Mann, und es bestand nur in meinem Kopf, nicht in ihrem und nicht zwischen uns beiden. Mitten in meinem Kopf war es.

Sie ging zurück zum Schreibtisch und sah dort auf meinem Heft ein Sylvia-Plath-Buch liegen.

»Magst du Gedichte?«

Ich nickte.

»Ich auch«, sagte sie. »Sylvia Plath war genau wie wir eine Exilantin, und sie hatte Heimweh. Findest du es nicht auch schrecklich, daß sie sich umgebracht hat?«

Sie legte das Buch zurück, aber nicht auf dieselbe Stelle wie vorher. Nun lag eines meiner Gedichte, das ich in das Heft geschrieben hatte, offen da.

»Du dichtest also auch«, sagte sie und nahm das Heft in die Hand. »Macht es dir etwas aus, wenn ich das lese?«

Das Gedicht handelte von einer Glasglocke. In ihr war keine Luft zum Atmen. Nur eine Person, die langsam darinnen sitzt. Sich umsieht. Ein Windhauch wirbelt winzige Zeitungsfetzen um die Glasglocke, Bilder von Oupa und Ouma Fanny sind darauf zu sehen, von Huren, die ihre Kerle umschlingen, und von einem schwarzen Jungen, dessen Hose mit einem Stück Schnur um den Bauch festgebunden ist, sein Hemd voller Blut.

Ich riß ihr das Heft aus der Hand.

»Entschuldige!« sagte sie. »Entschuldige, das hätte ich nicht tun dürfen!«

Sie sah wirklich so aus, als täte es ihr leid. Hätte ich ihr nur sagen können: Es braucht dir nicht leid zu tun, es ist nicht dein Fehler, es ist meiner! Ich bin einfach verkorkst, und ich will nicht, daß jemand weiß, wie verkorkst ich bin.

»Entschuldige, bitte! Aber ich würde deine Gedichte wirklich gern lesen. Ich werde dich nie wieder danach fragen, aber wenn du mir trotzdem einmal eins zeigen willst, dann würde ich mich sehr freuen.«

»Rosalie! Rosalie! Wir gehen jetzt. Los, trödle nicht herum!« rief Ginny.

Rosalie beachtete ihre Mutter nicht. »Hör mal, Selwyn, du bist schon in Ordnung!«

Und dann war sie fort.

Aber ich war wieder allein in meiner Glasglocke, ohne Luft. Ein Zeitungsfetzen wirbelte um sie herum, und auf ihm konnte man das Gesicht und den Körper von diesem Mädchen sehen, das hübsch war und Rosalie hieß. Sie mochte sogar Gedichte, so wie ich, doch ich konnte nicht atmen, denn da war keine Luft. Warum redete ich nicht mit ihr? Kein Wort hatte ich zu ihr gesagt, das war doch verrückt, völlig verrückt! Warum war ich vor ihr zurückgescheut? Sie war doch nur nett gewesen. Nie mehr würde sie wiederkommen, nie mehr würde sie mit mir reden. Ich muß einfach wahnsinnig gewesen sein, durch und durch wahnsinnig.

Und dann fiel ich den Liftschacht hinunter, fiel bis zum Mittelpunkt der Erde, fiel tiefer als je zuvor.

Und die Woge war ein riesiger Wellenberg, ein Berg, der mich mit Donnergebrüll überrollte.

Und ich steckte in einer Sackgasse. Mit gezückten Messern lauerten mir meine Probleme auf, eine ganze Bande von Tsotsis, das sind schwarze Schläger, nur müssen sie nicht unbedingt schwarz sein – jeder Gangster ist ein Tsotsi. Diese Tsotsis umzingelten mich, wollten mich kriegen. Und wenn es diese Nacht nicht klappte, dann würden sie wiederkommen, das wußte ich.

Ich spürte das Messer in meinem Bauch. Einer von ihnen hatte zugestochen, während ich nicht aufpaßte. Die Schneide drang tief in mich ein, und das Blut strömte heraus. Und als sie mich schließlich fanden, da sah ich aus wie Philemon Majodena, in einem See aus Blut.

5

Die nächsten Tage waren übel. Ich sprach mit niemandem, schwieg einfach. Drei Tage lang.

Zur Schule ging ich nur einmal, ansonsten schwänzte ich. Viel Zeit verbrachte ich bei der Schlucht und starrte dort in den Abgrund.

Ich dachte viel über meinen Alten nach. Er sah alt und gebeugt aus, obwohl er erst vierundvierzig war. Die Haare wurden lichter, und der Schnurrbart begann grau zu werden. Die Augen hatten immer einen müden Ausdruck. Vielleicht lag das daran, daß er soviel arbeitete, aber vielleicht begann er auch meiner Mutter zu mißtrauen. Sie verbrachte mehr und mehr Zeit fort von zu Hause, trieb sich wohl mit ihrem schwarzen Playboy herum. Mein Alter und sie sprachen kaum mehr miteinander. Auch begannen in dieser Zeit wohl die Schwierigkeiten mit seiner Arbeit. Vielleicht wegen der ganzen Sorgen – vielleicht machte er sich sogar Sorgen um mich. Genau weiß ich das nicht, zu mir sagte er nie etwas. Er ist nicht der Typ, der über seine eigenen Probleme redet.

Eines Tages kam ich von der Schlucht zurück, und das Auto von meinem Alten stand vor der Tür.

Das ist komisch, dachte ich. Er kam sonst nie vor zehn Uhr abends nach Hause, und jetzt war es erst fünf.

Ich ging um das Haus herum, nirgendwo eine Spur von jemandem. Ma war fort, wie meistens. Ich wußte ja, wo sie war. Machte einen Freundschaftsbesuch...

Dann hörte ich etwas von oben, das wie ein Schluchzen klang. Vielleicht war Vater ja krank geworden. Ich ging zu seinem Zimmer und öffnete die Tür.

Da saß er. Er kauerte auf dem Bettrand, die Ellbogen auf die Knie gestützt, das Gesicht in den mageren Fingern vergraben. So in sich zusammengesunken, sah sein großer Körper zerschlagen und elend aus. Er hörte mich nicht einmal hereinkommen.

Und wißt ihr, was er tat? Er weinte! Wie ein Baby saß er da und heulte und schniefte zwischen den Schluchzern. Es war ein Bild des Jammers. Daß ich ihn weinen sah, war in meinem ganzen Leben noch nicht passiert – aber nun saß er da und heulte sich die Augen aus dem Kopf. Ich glaube, ich habe noch nie jemanden so weinen gesehen. Es war, als wäre auf seinen Schultern ein ganzes Bergwerk von Sorgen zusammengebrochen. Sie drückten ihn nieder, zerschmetterten ihn und zerbrachen seine Persönlichkeit in kleinste Teile des Nichts.

Ich war wie erstarrt. Ich wollte ihn mit seinem Kummer allein lassen, aber ich konnte mich nicht vom Fleck rühren. Ein Teil von mir mußte einfach dieses Leid betrachten.

Verdammt, ich hatte ihn einmal so geliebt, mehr als irgend jemand anderer seinen Vater lieben kann. Bis ich zwölf wurde und er sich den Revolver kaufte. Dann bekam ich Angst vor ihm – und gleichzeitig erkannte ich, daß auch er Angst hatte.

Aber bevor er dieses Ding kaufte, Mann, da liebte ich ihn und dachte, daß er der großartigste Dad wäre, den ein Junge nur haben kann. Meinen besten Freund nannte ich ihn, sogar vor meinen anderen Freunden. Alles machten wir gemeinsam: Wir spielten Rugby in unserem Garten, nur wir zwei. Unser Grundstück war viertausend Quadratmeter groß, der größte Teil lag hinter dem Haus. Wir spielten bei den drei Palmen, er auf der einen Seite und ich auf der anderen. Oft trainierten wir irgendeine besondere Technik, mit dem linken Fuß zu schießen oder exaktes Werfen oder so. Manchmal landete der Ball mitten auf diesen dicken Palmen. Dann holte Vater eine Leiter, kletterte hoch und versuchte den Ball mit einem langen Stecken wieder herunterzubekommen. Aber die Unterseiten der Palmblätter hatten riesige Stacheln, hart, spitz und länger als Stricknadeln. Wenn man mit so einem Stachel in Berührung kam, dann wußte man zumindest, was los war. Ob sie giftig waren, weiß ich nicht, aber schon die Stiche an sich waren übel genug. Manchmal wurde der Ball aufgespießt, durch das ganze Leder hindurch. Dann lachten wir und spielten ein paar Tage Kricket, bis der Ball wieder gerichtet worden war oder Vater einen neuen gekauft hatte. An manchen Tagen spielten wir so lange Rugby, bis es dunkel wurde und man den Ball kaum mehr sehen konnte und Ma uns zum Abendessen rief. Oft wurde das Essen kalt, weil wir unbedingt fertigspielen wollten, besonders wenn Vater verlor, denn er war ein schlechter Verlierer. Das machte mir jedoch nichts aus, ich bin nämlich selbst ein schlechter Verlierer. Dadurch wird das Spielen nur noch spannender.

Am großartigsten war es jedoch, als Vater und Oupa mir bei unserem Schulspiel gegen die Jeppes zusahen. Es war ein verdammt hartes Match, denn die Jeppes sind gut. Vater und Oupa standen am Spielfeldrand und schauten zu. Ganz in ihrer Nähe kam es zu einem Handgemenge um den Ball, und unsere Mannschaft setzte sich durch. Der Ball kam zu mir, und ich holte den Punkt, sozusagen direkt vor Vaters Nase.

Mit Vater spielte ich jedoch nicht nur Rugby, sondern auch Billard und Snooker. Wir hatten einen Spieltisch gekauft, damit es Oupa bei seinen Besuchen nicht langweilig wurde. Oupa spielte liebend gerne Billard, auch wenn seine Hände nicht mehr ganz ruhig waren. Wenn er einen Ball vollkommen verfehlte, den er ins Visier genommen hatte, nahm er den weißen Ball zurück und tat dabei so, als ob er einen Fleck vom Tisch rubbeln müßte. Strafpunkte bekam er von uns nie.

Mit meinem Alten zu spielen war eine andere Sache, viel ernsthafter. Jeder Fehler wurde registriert, und außerdem spielten wir meistens um Geld. Nicht um viel, aber es erhöhte die Spannung. Vater war besser als ich, aber manchmal gewann ich doch, und manchmal ließ er mich auch mein Geld zurückgewinnen, doppelt oder einfach.

Es war wirklich toll mit ihm. Wir gingen auch oft im Freizeitclub meiner Eltern schwimmen, manchmal als große Gruppe mit Freunden meiner Eltern, öfter aber waren es nur Dad, Ma und wir Kinder. Sobald wir da waren, sprangen Vater und ich ins Wasser und kamen erst wieder raus, wenn wir rausgeschmissen wurden, weil die Sonne unterging. Wir hielten die verschiedensten Wettkämpfe ab: Wer konnte am längsten tauchen? Wer konnte unter Wasser den schönsten Purzelbaum machen? Wer beim Springen die beste Bombe produzieren? Wer konnte am weitesten unter Wasser auf den Händen laufen und dabei die Beine in die Luft strecken? Wer war der Schnellste auf zwei oder drei Bahnen? Dabei waren weder er noch ich gute Langstreckenschwimmer.

Das einzige, was an Vater nicht vollkommen war, waren seine Launen. Ich hab ja schon erzählt, daß er sich wie der Teufel mit einem Hühnerauge auf dem großen Zeh aufführt, wenn er sauer ist. Sorgen machte ich mir darüber jedoch erst, als ich zwölf war und er sich den Revolver kaufte. Ich stellte mir immer vor, daß er eines Tages mit dem Ding auf mich oder Ma losgehen würde. Dabei hatte er das Ding gekauft, weil wir auf einem riesigen Grundstück wohnten und die Nachbarn nie etwas mitbekommen hätten, wenn wir überfallen oder beraubt worden wären. Seit der letzten Serie von Bombenanschlägen hatten alle Leute, die wir kannten, Mauern um ihre Häuser ziehen lassen und sich Schußwaffen gekauft. Auch mein Alter unternahm ein paar Vorsichtsmaßnahmen. Vor jedem Fenster des Hauses hatte er Gitter anbringen lassen, sogar vor meinem mit dem Blick auf die Lady of Spain, den Teich, die Palmen und die Jakarandabäume. Das mußte ich mir nun durch ein Gitter ansehen. Sie waren ein guter Schutz gegen Einbrecher, aber wir wurden trotzdem einmal ausgeraubt, als wir nicht da waren. Und wißt ihr, wie? Ein paar Schwarze fischten mit einer Angel Mas Halskette aus dem Schlafzimmer meiner Eltern. Es war aber keine teure Kette. Das mit der Angel weiß ich so genau, weil ich sie später auf der Straße fand. Wahrscheinlich mußten die Diebe vor einem Hund flüchten und ließen die Angel fallen – aber nicht vor unserem, denn Sweetie war im Haus eingesperrt, während wir fort waren.

Sweetie war ein Schäferhund, riesengroß, aber nicht hundertprozentig reinrassig. Ich würde sagen, neunundneunzig Komma neun Prozent Schäferhund. Ihr einziger Makel war, daß die Ohren nicht aufrecht standen. Aber sie war ein sehr guter Wachhund, bellte jeden laut an, der durch unser Tor kam. Die Leute waren aber selbst schuld, schließlich hing dort ein großes Schild, auf dem stand: »Warnung vor dem Hunde! Pasop vir die hond!«

Sweetie war jedoch nur für Schwarze gefährlich. Versteht mich auf keinen Fall falsch, wir hatten sie nicht rassistisch abgerichtet oder so, ich hab ja schon gesagt, daß meine Eltern sich als Apartheidsgegner betrachteten. Für uns stand einfach fest, daß Sweetie wußte, wer zum Klauen kam und wer nicht. Nur das mit Matildas Freunden war schwierig. Wenn sie kommen wollten, mußten sie erst mal an Sweetie vorbei, und das war nicht so einfach. Manchmal sagten wir »Ssssaaaaaa« zu Sweetie, das machte sie ganz wild. Dann sträubte sich ihr Fell, als hätte sie einen Geist gesehen, und sie rannte laut bellend die Einfahrt mit den Jakarandabäumen hinunter. Die meisten Schwarzen hauten einfach ab oder standen am Zaun und brüllten: »Matil-da! Matil-da!«, bis Matilda kam und ihnen die ganze Einfahrt hinauf und den Weg bis zu ihrem Zimmer hinter dem Haus Geleitschutz gab.

Ich glaube, daß Sweetie nur eine Person je verletzt hat, und das war ein Schwarzer, der irgend etwas verkaufen wollte. Er war schon die ganze Einfahrt heraufgekommen, bevor Sweetie ihn entdeckte. Er handelte mit Kompost oder etwas Ähnlichem, denn er trug einen schweren Sack. Sweetie biß den Sack auf, das Zeug rieselte heraus. Mit der bellenden Sweetie im Nacken rannte der Mann die Einfahrt wieder zurück, während der Sack weiter auslief. Als nichts mehr im Sack war und der Mann am Ende der Einfahrt angekommen war, machte er den Fehler, sich nach Sweetie umzudrehen und loszuschimpfen, und da biß Sweetie ihn, draußen auf der Straße.

Aber ich wollte von dem Revolver erzählen. Mein Alter hatte beschlossen, daß die Fenstergitter und unser Sweetie noch nicht genügend Sicherheit boten, und er ließ noch eine schmiedeeiserne Tür vor der Eingangstür einbauen.

Außerdem wurde eine zwei Meter hohe, mit Eisenspitzen besetzte Mauer um unser Grundstück gezogen. Und dann kaufte er den Revolver und die Patronen.

Nachts steckte der Revolver in einem Lederhalfter neben seinem Bett, tagsüber verwahrte Vater ihn in einem Schrank, so daß Matilda ihn nicht sah.

Ich mochte den Anblick des Revolvers nicht. Er verhieß Macht, Macht zum Töten. Aber er bedeutete auch, daß wir verwundbar waren. Wenn mein Alter einen Revolver nötig hatte, dann mußte er sich fürchten. Zum ersten Mal wurde mir bewußt, daß auch er nicht vor Angst gefeit war.

Zwischen dem Tag, als Vater den Revolver kaufte, und dem, an dem er sich in seinem Zimmer die Augen aus dem Kopf weinte, lag ein weiter Weg. Neben dem Bett stand eine halb geleerte Flasche Whisky, daneben ein umgekipptes Glas.

Sein Anblick lähmte mich, nur meine Augen konnten sich noch bewegen, sonst nichts. Schließlich begann mein Gehirn wieder zu arbeiten. Leise zog ich mich aus dem Zimmer zurück, dann tat ich geräuschvoll so, als würde ich die Tür gerade erst öffnen, und trat noch einmal ein.

Er schaute hoch. Seine blutunterlaufenen Augen waren voller Abscheu und Selbstmitleid.

»Voetsek, Mann!« schrie er mich an. Das sagt man nur, wenn man ein Tier anbrüllt oder jemanden, den man vollkommen verachtet. Mir gegenüber hatte er diesen Ausdruck noch nie gebraucht.

»Ag, Monty, was ist denn los?«

Solange ich denken kann, habe ich meinen Alten nur mit seinem Vornamen angesprochen. Und das waren die ersten Worte, die nach drei Tagen über meine Lippen kamen.

»Voetsek!« brüllte er wieder. »Laß mich in Ruhe!«

»Monty, habe ich dir denn was getan? Stimmt was nicht?«

»An dir stimmt doch nichts! Du wirst das gleiche wie ich: ein Versager.«

»Ein Versager? Bist du das denn, Monty?«

»Ich habe alles verloren«, sagte er. Er schüttelte den Kopf, wedelte mich mit der Hand aus dem Zimmer und begann wieder zu heulen.

Ich wollte zu ihm gehen und sagen: »Los, Monty, komm mit raus und spiel ein bißchen Rugby mit mir«, oder: »Los, Monty, gehen wir doch zusammen schwimmen«, oder ganz einfach und geradeheraus: »Monty, sei nicht so traurig. Sie liebt dich noch immer, und ich werde in diesem verdammten England schon noch Freunde finden. Und mit deiner Arbeit wird es noch werden, und reich werden wir bestimmt auch noch.« Aber ich konnte ihn nicht anlügen und ließ ihn deshalb allein. Außerdem wußte ich, daß nicht ich es war, der ihm Sorgen bereitete, denn eigentlich haßte er mich. Er haßte mich für alles, was geschehen war, nicht nur hier in Bristol, sondern auch in der Lagerhalle. Auch meiner Mutter war ich im Grunde egal, das wurde mir nun klar. Sie machte sich nichts mehr aus Vater, und sie machte sich nichts aus mir. Ihr war es nur wichtig, so zu tun, als sei sie eine emanzipierte Frau und könne es mit schwarzen Playboys treiben. Ich steckte in einer Sackgasse, und an ihrem Ende wartete der Tod. Er wartete hinter der Tür, auf deren anderen Seite ich schon Schritte hören konnte. Und ich wollte einfach an diese Tür klopfen und sagen: »Laßt mich alles vergessen! Bitte löscht Südafrika aus meinem Gedächtnis, und Philemon Majodena, und meine Mutter, ihren schwarzen Liebhaber, meinen Vater, den Versager, und mich selbst, den größten Versager von allen.« In meinem Kopf wimmelte es von Skorpionen. Ich ging ins Badezimmer und griff nach einer Packung Aspirin, einer Schachtel Schmerztabletten und einer Flasche mit Antihistaminen – die konnten ja nichts verderben –, außerdem nach einem Glas Wasser und einer Plastiktasse, nahm das Ganze in mein Zimmer, riß die Tabletten aus den Plastikhüllen und stapelte sie vor mir auf dem Schreibtisch auf. Mein Alter hatte »voetsek« geschrien, und das wollte ich jetzt auch tun, ich würde einfach aus seinem und aus Mas Leben verschwinden.

Ich weiß nicht, wie tief dieser Liftschacht in die Erde reichte, aber es war Zeit, es herauszufinden. Doch immer der Reihenfolge nach: Ich zerriß alle Gedichte, die ich geschrieben hatte, jedes einzelne, zerriß sie in kleine Fetzen, nicht größer als Ein-Cent-Stücke, häufte sie zusammen, warf sie in die Luft und verstreute sie im ganzen Zimmer, so daß sie um meine Glasglocke flogen, sie, die zerrissenen Fetzen meines Lebens. Niemand würde sie je entschlüsseln können, sogar die goldene Tinte, mit der sie geschrieben worden waren, erschien billig und falsch, und ich konnte die Menschenfresser herankommen hören, auch die Schritte hinter der Tür des Todes klangen ganz nah, und ich überlegte, ob ich immer noch so verklemmt sein würde, wenn ich auf der anderen Seite der Tür angelangt war, und ob man mich wegen Philemon Majodena zur Rede stellen würde, denn in dieser Welt war das nicht geschehen. Ob mir wohl vergeben werden würde?

Ich stopfte Hände voller Tabletten in mich hinein, würgte und schluckte, so lang, bis mir schlecht wurde und ich aufhörte, weil ich mich nicht übergeben wollte. Ich legte mich aufs Bett und las ein Gedicht aus dem Buch, das dort lag. Es war von Keats. Ich hatte dieses Gedicht so gerne gemocht. Es geht um das Verschwinden, die Selbstauflösung, das Vergessen der Sorgen aller Menschen dieser Erde, die des Lebens so müde sind und stöhnen, und wie man sich zur Nachtigall gesellt. Ich hab noch nie eine Nachtigall gehört, verband sie aber mit dem Ort, von dem die goldene Tinte stammt, und wünschte, daß ich in den heißen Trog gesteckt werden würde, um zu schmelzen und ebenfalls goldene Tinte zu werden. So wie der heilige Franziskus wollte ich alles Falsche von mir schütteln, die reichen Gewänder ablegen, mich nackt auf einen Platz stellen und dabei nur ich selbst sein, mit Blut aus flüssigem Gold. Nackt lag ich auf dem Bett, mein Unterleib nur mit einem weißen Handtuch bedeckt, und ich tauchte weg, fiel Stockwerk um Stockwerk hinab, tief in die Erde, wo mein Oupa begraben liegt, noch tiefer, und jemand saugte die Luft aus der Glasglocke, mein Leben war wie eine Kerze, die zum letzten Mal flakkert, die alles entscheidende Woge schlug am Strand auf, es war die letzte aller Wellen, ich war der letzte Wellenreiter, und ich verpaßte die Welle, und sie schlug mich dorthin, wo es kein Meer gibt, keine Luft, keine Liftschachte, keine Glasglocke und keine Tinte aus Gold.

6

Ich hatte einmal von einem Buch gehört, das in England herauskam und in dem es um die Geschichte Südafrikas ging. Als es auch in Südafrika erscheinen sollte, mußte es den Zensurbehörden vorgelegt werden. Eines der Kapitel mißfiel aber den Zensoren, und zwar das, in dem die Führer der Schwarzen zu Wort kamen. Die Regierung hatte Angst davor, daß die Ansichten dieser Leute bekannt wurden, und was tat man da? Ich muß gestehen, daß ich selbst das Buch nie gesehen habe, aber ich habe von jemandem davon erzählt bekommen, der wußte, wovon er sprach. Also: Die Ausgabe, die in Südafrika erschien, hatte einfach vierzig leere Seiten, vollkommen leere Seiten, mitten im Buch. Vielleicht hatte man die Seitenzahlen stehengelassen, aber das weiß ich nicht genau.

Bei uns zu Hause wurden oft Witze über diese Seiten gemacht. Wir sagten immer, daß sie leer waren, damit jeder seine eigene Fassung der Geschichte reinschreiben konnte.

Ich will damit eigentlich nur erklären, warum die letzte Seite in diesem Buch unbeschrieben ist. Sie ist es, weil ich nicht weiß, was ich erzählen soll.

Nachdem ich die Tabletten geschluckt hatte, umgab mich nichts als Leere. Ich war in einer vollkommenen Öde, wanderte durch die Gebirge meines Geistes, wo das Chaos herrschte und es keine Wegweiser gab. Jeder, der will, kann nun seine eigene Fassung von dem aufschreiben, was mit mir geschah, denn ich erinnere mich an überhaupt nichts.

Als ich zu mir kam, war ich im Krankenhaus. Von dort möchte ich nicht viel erzählen.

Sie hatten mir den Magen ausgepumpt. Was mir wahrscheinlich das Leben gerettet hat, war der Brechreiz, denn deshalb hatte ich ja nicht alle Tabletten geschluckt. Die, die ich schon genommen hatte, reichten nicht aus, um mich zu töten.

Drei Tage dauerte es, bis mein Magen wieder ganz in Ordnung war.

Ma und mein Alter kamen mich besuchen und zogen dabei eine richtige Schau ab. Jeder, der uns gesehen hätte, hätte geschworen, daß wir eine ganz normale Familie sind und daß mir gerade der Blinddarm herausgenommen worden war. Ma blickte so drein, als mache sie sich Sorgen um mich, sogar ein oder zwei Tränen mußte sie mit ihrem Taschentuch fortwischen.

»Selly, mach das nie wieder«, sagte sie, »wir hatten solche Angst um dich!«

Sie hielt Dads Hand in ihrer Hand und redete über alles mögliche, nur nicht über schwarze Liebhaber oder sonst etwas anderes, das mit der Wirklichkeit zu tun gehabt hätte.

Mein Alter tat so, als sei wieder alles in Ordnung. Mit keiner Silbe erwähnte er, wie ich ihn beim Weinen gesehen hatte, oder seine Probleme bei der Arbeit, oder ob er wußte, daß seine Frau ihn betrog. Als er sich einmal über mich beugte, glaubte ich, Whisky zu riechen. Am liebsten hätte ich einfach gesagt: »Ag, Monty, hör doch endlich mit diesem Scheißgetue auf!« Aber ich sagte nichts.

Stelly kam auch kurz herein, umarmte mich und setzte

sich auf mein Bett. »Hallo, Selly«, sagte sie, »du siehst aber krank aus. Wann kommst du denn wieder heim?«

Stelly war schon in Ordnung. In Johannesburg hatte ich sie immer wahnsinnig geärgert, aber immer noch nicht so schlimm wie die Katze, die Nachbarskatze. Die ging mir eines Tages mal auf die Nerven, und da nahm ich sie mit in ein Zimmer oben in unserem Haus, sperrte die Tür ab und mauerte das Sofa mit Büchern und Schachteln zu. Dann schubste ich die Katze unter das Sofa. Mann, brach die in Panik aus! Sie versuchte sich einen Weg nach draußen freizukratzen, saß aber fest in der Falle. Und ich hüpfte auf dem Sofa rum, sprang rauf und runter, hämmerte auf die Polster ein und machte einen Heidenlärm. Die Katze wurde halb wahnsinnig vor Angst und gab diese irrsinnigen Geräusche von sich. So etwas hatte ich noch nie gehört. Ehrlich, ich hatte gar nicht gewußt, daß so ein kleines Tier solche Töne in sich haben kann, kräftig wie die Stimme eines stöhnenden erwachsenen Mannes. Ich erschreckte die Katze bis auf die Knochen, und warum ich das tat, weiß ich nicht. Ich war damals zwölf und ich habe es nie wieder getan. Normalerweise mag ich Tiere wie Hunde und Katzen, aber dieser Katze jagte ich den Schreck ihres Lebens ein.

Stelly hab ich nie so schlimm geärgert, aber leicht hatte sie es mit mir in Johannesburg nicht. In Bristol war das dann plötzlich fast vorbei, fragt mich nicht, warum. Aber in Johannesburg tyrannisierte ich sie, meistens, bis sie weinte. Dann kam Lynette oder irgend jemand anderer angerannt, und ich war wieder richtig nett zu ihr. Lynette hielt immer zu Stelly und machte hin und wieder ein Mordsgetue wegen ihr. Dabei spielte ich viel mehr mit Stelly, Lynette war viel zu sehr mit ihren ganzen Typen beschäftigt. Sie war richtig mannstoll und gab oft Partys, auf denen es wild zuging. Die Jungen betranken sich meistens und hüpften nachts noch einmal in unseren Swimmingpool. In diesen Nächten mußte ich immer früh schlafen gehen, aber Stelly und ich schlichen uns dann ans Küchenfenster und sahen dem Treiben draußen zu. So viel steht fest: Lynette hatte keine Probleme mit dem Küssen. Bei ihr gab's keine Fingerküsserei, sondern echte Knutscherei mit dem Mund und allem drum und dran.

Stelly vergötterte mich auf eine gewisse Weise, glaube ich. Verdient hatte ich es nicht, aber ich war doch ihr großer Bruder, der sich um sie kümmerte, wenn er sie nicht gerade ärgerte.

»Ich weiß nicht, wann ich nach Hause komme«, sagte ich nun zu ihr. »Vielleicht, wenn es mir wieder bessergeht.«

Ginny und Rosalie hatten mir eine Schachtel Pralinen und eine Blümchenkarte mit Genesungswünschen geschickt. Außerdem bekam ich noch ein Päckchen von meiner Klasse. Ich öffnete es und fand eine riesige Karte mit einem dämlichen Witzbild. Auf der Innenseite hatten alle unterschrieben, und einige hatten auch schlaue Sprüche reingeschrieben. Ich sage euch, die Hälfte der Namen kannte ich nicht einmal, viele konnte ich auch kaum entziffern. Die schlauen Sprüche waren alles andere als schlau, und das andere Zeug war scheinheiliges Gelaber. »Werd schnell gesund, die Fußballmannschaft braucht Dich«, hatte Mr. Wilson geschrieben. »Komm bald wieder, die Schule ist gar nicht so übel«, stammte von Jeff, das Beste aber war: »Hoffentlich geht es Dir bald wieder gut, Dein Freund Milton«. Mein Freund war er plötzlich! Außer der Karte hatten sie mir noch ein Computerspiel geschickt, bei dem man auf verschiedene Knöpfe drücken mußte, damit ein kleiner dicker Mann durch acht Welten hüpfen und eine Prinzessin retten konnte. Eine Weile spielte ich damit, aber es war hoffnungslos, den dicken Mann auch nur durch eine Welt zu bringen, von den anderen sieben ganz zu schweigen. Ich steckte das Spiel in das Nachtkästchen neben meinem Bett.

Gav, Nobby und Joel hätten mir bestimmt Supersprüche geschickt, wenn sie gewußt hätten, daß ich im Krankenhaus lag. Sie hätten Sachen gesagt, über die ich wirklich hätte lachen können und die mich froh gemacht hätten, zum Beispiel, daß sie mich vermißten und so. Aber zwischen uns lagen zehntausend Kilometer.

Mittlerweile wollte ich wieder raus, in dem Krankenhaus war es zu deprimierend.

Es war wie damals, als ich bei Bernard Morgenstern, einem Freund von mir, übernachtete. Ich war elf, und es war das erste Mal, daß ich bei ihm über Nacht blieb.

Bis wir schlafen gingen, war alles in Ordnung. Er lag in dem Bett auf der einen Seite des Zimmers, und ich lag in dem Bett auf der anderen Seite. Die Matratze von diesem Bett war an einer Stelle klumpig.

»Wollen wir uns Gruselgeschichten erzählen?« fragte er.

»Nein, ich mag keine Gruselgeschichten«, sagte ich.

»Dann skrikken wir uns halt ein bißchen!« Ein Skrik ist, wenn man sich erschrickt. »Erst erzählst du mir etwas Schlimmes, und dann erzähl ich dir etwas Schlimmes.«

»Hör doch mit dem Quatsch auf, Mann, dazu hab ich keine Lust.«

»Schon gut«, sagte er. »Weißt du eigentlich, daß letzte Woche bei uns eingebrochen wurde?«

»Nein.«

»Doch, und ich bin aufgewacht, und da war dieser Schwarze. Ich hab mit meiner Schleuder auf ihn geschossen, und der Stein traf ihn genau am Kopf.«

»War er im Haus drinnen?«

»Ja, da im Gang.«

»Hast du denn keine Angst gehabt?«

»Doch, aber er kam auf mich zu, also mußte ich etwas tun!«

»Und was geschah dann?«

»Nichts. Er hat mich mit der Faust bewußtlos geschlagen, deshalb kann ich mich an nichts erinnern.«

»Und was ist mit dem Einbrecher passiert?«

»Mein Vater hat sein Gewehr geholt, und er ist abgehauen.«

»Stimmt das wirklich, oder hast du das erfunden?«

»Ich schwör dir's! Du kannst ja morgen meine Mutter fragen.«

Später schlief Bernard ein, aber ich blieb wach. Ich hatte nicht etwa Angst wegen des Einbrechers, aber ich konnte nicht einschlafen. Dann bekam ich Bauchweh und Kopfweh und weckte Bernards Mutter. Ich sagte ihr, daß mir schlecht sei, und sie fragte mich, ob sie den Doktor rufen solle. Ich wollte aber nur nach Hause. Sie fuhr mich dann auch heim, um elf Uhr nachts. Als ich zu Hause war, mußte ich mich übergeben, und Ma sagte, daß ich am nächsten Tag nicht in die Schule zu gehen brauchte. Ich ging dann auch nicht, und bei Bernard übernachtete ich nie wieder.

Genauso fühlte ich mich im Krankenhaus. Ich wollte nach Hause, aber in das Zuhause, wie es in Johannesburg gewesen war, als ich elf und alles noch in Ordnung war. In dieses Reihenhaus in Bristol, das gar nicht richtig zu Hause war, wollte ich nicht zurück.

Ich wollte irgendwohin, wo ich ruhig sitzen und herausfinden konnte, warum ich noch immer lebte und was ich nun tun sollte. In Johannesburg ging ich in so einer Stimmung immer in das Vogelschutzgebiet. Das war ein Naturschutzpark mit einem See und unwahrscheinlich viel Schilf und Rohr. Im Schilf lebten viele Bischofsvögel. Also, diese Vögel leuchteten richtig, nicht so wie diese matten Dinger hier in England. Hier haben die Vögel einfach keine Farben, der ununterbrochene Regen hat die Farben wohl ausgewaschen, außerdem gibt es kaum Sonne, in deren Licht das Gefieder glänzen könnte. Wenn ihr mal einen Bischofsvogel sehen könntet, dann wüßtet ihr, was ich meine. Er ist feuer-, feuer-, feuerrot. Mit ein bißchen Schwarz dabei. Manchmal konnte man über hundert Bischofsvögel auf den Schilfrohren sitzen sehen, wenn man Glück hatte, sogar noch mehr.

Der Naturschutzpark war ein guter Ort zum Sitzen und Nachdenken, gar nicht weit weg von zu Hause, ich konnte zu Fuß dorthin gehen. Ich saß immer einfach so da und betrachtete die Bischofsvögel und die Reiher, die auf der anderen Seite des Sees waren. Am liebsten ging ich allein dorthin, aber wenn Oupa auf Besuch bei uns war, dann nahm ich ihn mit. Er verstand auch, daß dies ein besonderer Ort war, einer, an dem man nachdenken konnte.

Man braucht einfach einen Ort, an dem man in sich gehen kann, wie dieses Vogelschutzgebiet. Am Anfang fehlte mir so etwas in Bristol.

Das Vogelschutzgebiet wurde mir eines Tages jedoch fast verdorben, das hätte ich beinahe vergessen zu erzählen. Und wißt ihr, wer daran schuld war? Die südafrikanische Polizei. Das war so: Eines Tages kam ich allein an einem

Schwarzen vorbei, der beim Eingang des Vogelschutzgebiets daherging. Für einen Schwarzen war er sehr gut angezogen, er trug einen Aktenkoffer, ein Jackett und einen Schlips, außerdem hatte er einen Spazierstock. Er ging einfach über den Parkplatz des Vogelschutzgebiets.

Aus heiterem Himmel tauchte plötzlich ein Polizeiwagen auf. Der Schwarze zuckte nicht mit der Wimper. Er versuchte nicht einmal wegzurennen oder so, sah überhaupt nicht verdächtig aus. Aber aus dem Wagen steigen zwei große Polizisten und gehen auf ihn zu. Der Mann blickt immer noch ganz unschuldig drein. Sie nehmen ihm seinen Aktenkoffer weg und öffnen ihn. Er muß wohl ein Vertreter gewesen sein, aber was für einer, das konnte ich nicht sehen.

»Wo wohnst du?« fragten sie ihn. »Hast du die Genehmigung, hier zu wohnen? Wo sind deine Papiere?«

Wie die Verrückten fielen sie so über ihn her, denn Schwarze dürfen nur mit Genehmigung außerhalb der Homelands wohnen.

»Hier in meinem Jackett sind sie, Baas.« Der Schwarze wühlte in seiner Jackettasche.

»Komm, kaffir, wir haben keine Lust, hier Wurzeln zu schlagen.« Das Wort Kaffir kann ich nicht ausstehen, denn es ist ein widerwärtiges Schimpfwort Schwarzen gegenüber. Sie hassen es, wenn man sie so nennt. Aber weil der Polizist es eben sagte, muß ich es so erzählen.

»Sie müssen hier sein, Baas, ich hatte sie noch heute morgen.«

»Jy lieg, kaffir.« Das hieß: »Du lügst, Schwarzer.« Beide Polizisten trugen Revolver in braunschimmernden Halftern.

»Ag, nein, Baas, sie müssen in meinem anderen Jackett stecken.«

»Welches andere Jackett, Mann? Du hast doch gar kein anderes!«

»Doch, ich habe viele Jacketts.«

»Sieh einer an, ein reicher Kaffir.«

Den Rest konnte ich nicht verstehen. Die Polizisten dachten wohl, daß der Schwarze frech werden wollte, denn eine Sekunde später wurden sie handgreiflich. Sie warfen ihn auf den Boden, zerrten an seinem Jackett und schlugen ihn mit seinem eigenen Spazierstock. Mit den Füßen traten sie ihm ins Gesicht. Dann schnappten sie seinen Aktenkoffer, schubsten ihn ins Auto und rasten mit ihm davon. Daß Leute so niederträchtig sein können, brachte mich zum Kochen, aber tun konnte ich trotzdem nichts. So war die südafrikanische Polizei nun einmal, und ich hatte entsetzliche Angst vor ihr.

Danach fiel es mir schwer, wieder in den Naturschutzpark zu gehen. Aber zu meinem Glück war das Ganze ja nicht am See, sondern auf dem Parkplatz geschehen, also sagte ich mir: Du sitzt doch nicht am Parkplatz, du sitzt ja am See. Also ging ich eines Tages wieder zum See, und alles war in Ordnung. Die Bischofsvögel waren noch immer da, und ich konnte dort sitzen, ohne zu viel an den Vorfall vom Parkplatz denken zu müssen.

Also, in Bristol behielten sie mich jedenfalls weiter im Krankenhaus, nicht etwa, weil ich noch krank gewesen wäre, sondern weil sie nicht wußten, was sie mit mir tun oder wohin sie mich schicken sollten.

Ein Psychiater stellte mir tausend Fragen, aber ich fand sie dämlich und beantwortete sie nicht ernsthaft. Am meisten sorgte er sich darum, wo ich nach meiner Entlassung hingehen sollte. Aber ich hatte ja selbst keine Ahnung, wohin. Solange ich mich nicht irgendwo ruhig hinsetzen und nachdenken konnte, wußte ich nicht, was ich wollte und ob zu Hause das Richtige für mich war. Der Psychiater war wohl ziemlich davon überzeugt, daß meine Familie viel damit zu tun hatte, daß ich nun im Krankenhaus lag. Und damit hatte er wohl recht. Also sagte ich schließlich, daß ich lieber nicht nach Hause gehen würde.

Offensichtlich tat das Ma und meinem Alten weh, denn sie sahen mich mit einem seltsamen Gesichtsausdruck an, als ob sie sagen wollten: »Liebst du uns denn nicht mehr?« Verdammt, genau das gleiche hätte ich sie ohne Probleme auch fragen können!

Etwas Unerwartetes ereignete sich am dritten Tag im Krankenhaus. Die Stationsschwester kam zu mir und sagte, daß ein Mädchen mich besuchen wolle und ob mir das recht wäre. Ihr Name sei Rosalie Morris. Rosalie? Was wollte die denn hier?

»Soll ich sie jetzt reinlassen oder nicht?«

Ich wußte nicht so recht. Vielleicht fing dann das ganze Theater mit mir wieder von vorne an. Aber immerhin lag ich ja in einem Krankenhaus und würde sofort Hilfe bekommen, wenn es passieren sollte.

»Ja, bitte«, entschied ich.

Rosalie sah gut aus. Für die Blümchenkarte entschuldigte sie sich, die hätte ihre Mutter ausgesucht.

»Das macht doch nichts«, sagte ich.

Das Eis war gebrochen. Es war kaum zu glauben: Ich hatte nicht einmal eine Million Rands zahlen müssen, um etwas über meine Lippen zu bringen – ich mußte nicht einmal um die Worte kämpfen.

»Ich hab dir etwas mitgebracht«, sagte sie und gab mir ein in buntes Papier gewickeltes Päckchen.

Ich öffnete es. Es war eine ganz besonders schöne Schreibmappe mit blaugemustertem Deckel und einem glänzenden Füller mit zwölf Tintenpatronen. »Vielen, vielen Dank«, sagte ich und meinte es auch wirklich.

»Ich hab gedacht, vielleicht möchtest du ein paar Gedichte schreiben.«

»Ich weiß nicht, die anderen hab ich alle zerrissen.«

»Ag, schade«, sagte sie, »aber jetzt kannst du ja wieder neu anfangen.«

»Wo ist denn deine Mutter?«

»Ich bin allein gekommen.«

»Das ist nett von dir, danke.«

Wir unterhielten uns noch ein bißchen, über Filme und darüber, welche Musik wir mochten, über die Schule und Rosalies Pläne danach. Dann sagte sie, daß sie gehen müsse, aber sie versprach auch, wiederzukommen, wenn ich noch im Krankenhaus bleiben sollte.

»Keine Ahnung, wann ich hier rauskomme«, sagte ich, »aber raus will ich auf jeden Fall, hier ist es nicht besonders witzig.«

»So sieht's auch nicht aus«, meinte sie, »gehst du denn danach wieder nach Hause?«

»Weiß nicht. Ich glaub, ich dreh noch mal durch, wenn ich wieder dort bin.«

»Bitte nicht! Der Rest der Welt ist schon verrückt genug, da brauchst du nicht auch noch mitzumachen.«

Sie sah mich an und lächelte. Und ich kann euch sagen, bei diesem Lächeln ging's mir gleich viel besser.

»Na, dann, bis zum nächsten Mal«, verabschiedete sie sich. Und war fort.

Ich schnupperte an der Schreibmappe, die sie mir gebracht hatte. Sie roch gut, wie ein neues Buch und ein bißchen nach Leder. Dann nahm ich den Füller in die Hand. Zum Gedichteschreiben war ich nicht in der Stimmung, nicht in dieser Desinfektionsmittelkrankenhausluft. Aber eines Tages, das wußte ich, würde ich mit dem Füller ein Gedicht schreiben. Er fühlte sich gut an.

7

Schließlich wurde beschlossen, daß ein Jugendheim wohl das beste für mich sein würde. So kam ich in das Haus, in dem ich auch jetzt bin und das von allen nur die Villa genannt wird.

Zu der Zeit lebten noch sechs andere Problemfälle wie ich dort. Zwei von ihnen hatten auch Selbstmordversuche hinter sich, einer von ihnen sogar drei! Der Typ muß sich dabei verdammt blöd angestellt haben – oder er wollte bloß, daß sich alle um ihn kümmerten.

Ich kam mit den Leuten sogar ganz gut aus, obwohl es mal Zoff mit Kevin gab.

Die einzige Ausnahme war Susan, aber ich war nicht der einzige, der Probleme mit ihr hatte. Sie hing total durch und gab sich größte Mühe, jeden mit sich runterzuziehen. Warum sie sich bei ihrer Weltansicht nicht umzubringen versuchte, konnte ich nicht verstehen. Sie dachte immer, daß alle etwas gegen sie planten, einmal beschuldigte sie mich sogar, bei einer Verschwörung gegen sie mitzumachen, um sie aus der Villa rauszuekeln. Dabei habe ich nie eine Verschwörung angezettelt, nicht gegen Susan und nicht gegen sonst jemanden.

Die übrigen Leute waren ganz in Ordnung. Besonders dieser eine Typ aus der Karibik. Er hieß Bradley, stand total auf Rap, verbrachte vierundzwanzig Stunden am Tag mit dem Walkman auf dem Kopf und klopfte mit den Händen und Füßen die ganze Zeit den Rhythmus mit. Zumindest bestätigte das Ginnys Theorie über das gute Rhythmusgefühl der Schwarzen – als ob ich das nicht längst von Südafrika gewußt hätte.

Schon die kleinen Kinder der Schwarzen können irrsinnig gut zu der Townshipmusik tanzen.

Matildas Sohn besuchte sie, während sie bei uns arbeitete, nur einmal. Bei diesem Besuch sah ich das Kind in unserem Garten zur Musik aus dem Radio Jive tanzen. Dabei war er damals erst fünf! Sonst lebte er vierhundert Kilometer entfernt bei seiner Großmutter im Homeland. Matilda durfte ihn jedes Jahr eine Woche besuchen. Aber einmal kam sie zwei Tage zu spät zurück, und mein Alter feuerte sie fast deswegen.

»Warum kommst du erst jetzt, Matilda? Beinahe hätte ich deine Stelle jemand anderem gegeben. Es gibt genügend Mädchen, die sich um so einen Job reißen würden. Willst du ihn etwa loswerden?«

»Nein, Master, bitte geben Sie meine Stelle keinem anderen Mädchen. Bitte, Baas.«

»Also, warum kommst du dann erst jetzt?«

»Weil mich jemand mit einem Messer verletzt hat, Master.«

»Wo denn?«

»Bei meiner Mutter, vor ihrer Haustür.«

»Nein, ich meine doch, wo an deinem Körper. Die Wunde kann doch noch nicht verschwunden sein.«

»Nein, Master, sie ist an meinem Bein.«

»Ich kann aber keine Stichwunde an deinen Beinen sehen. Oder war es nur ein Dorn?«

»Nein, Master, es war ein langes Messer.«

»Wo ist denn dann bitte der Stich?«

»Hier, Master, da ist er«, sagte sie und hob ihren Rock

hoch, so daß man einen weißen Verband um ihren Schenkel sehen konnte. Dabei wandte sie ihr Gesicht von uns ab.

»Und das ist nicht nur ein Verband, sondern auch eine Verletzung?«

»Es ist ein Stich, Master, ein ganz tiefer. Ich mußte ins Krankenhaus, und die Wunde wurde mit Nadel und Faden zugenäht.«

»Also gut, Matilda, aber daß so etwas nicht noch mal vorkommt! Nächstes Mal gebe ich deine Stelle einem anderen Mädchen!«

»Ja, Master, danke, Baas!«

»Und laß dich nicht mehr mit Leuten ein, die Messer mit sich rumtragen!«

»Nein, Master.«

Ich weiß nicht, wie Matildas kleiner Sohn hieß, aber den Jive konnte er gut. Meine Mutter mochte ihn, rief ihn zu sich auf die Terrasse und gab ihm einen Karton mit getragener Kleidung, wahrscheinlich von Stelly oder mir. Aber der Junge kam nie wieder zu Besuch, und dann ging auch Matilda, weil sie irgendwelche Probleme mit dem Herz hatte, und wir bekamen ein anderes Dienstmädchen.

Wenn Bradley gerade nicht Rap hörte, konnte man sich gut mit ihm unterhalten. Nicht nur über Rap. Er war ein richtiger Philosoph, dieser Bradley, er verstand so viel. Als er klein war, hatte sein Vater ihn immer furchtbar verprügelt. Ich glaube, er tat das noch immer. Aber dennoch haßte Bradley seinen Vater nicht – ich an seiner Stelle hätte das getan.

In unserer Gesprächsgruppe war er immer der erste, der etwas kapierte, wenn ich von Südafrika sprach. Er verstand mich wirklich. Mir ging es genauso, ich hatte auch nie Probleme, ihn zu verstehen. Wenn ich darüber nachdenke, dann fällt mir auf, daß in der Villa überhaupt niemand Probleme mit meinem Akzent hatte. Vielleicht lag es daran, daß sie daran gewöhnt waren, sich verrücktes Zeug anzuhören. Doch ich glaube eher, daß sie durch die Gruppensitzungen zu guten Zuhörern geworden waren.

Manchmal klangen Bradleys Worte wie Rap, er erfand auch immer irgendwelche guten Reime wie zum Beispiel: »Komm in die Villa, das Superhaus, Schmerzmittel treiben dir hier die Sorgen aus.« Das Blöde war, daß Bradley eines Tages aus heiterem Himmel abhaute und nie wiederauftauchte, jedenfalls nicht, solange ich in der Villa war. Ich hab ihn wirklich vermißt.

Jetzt will ich euch etwas erzählen, das Bradley gesagt hat. Eines Tages erzählte er der Gruppe von seinem Vater. Er hatte ein Kissen vor sich, an dem sollte er Luft ablassen, wenn ihm danach war. Diesmal steigerte er sich wirklich in die Sache rein, und ich war mir hundertprozentig sicher, daß er ausflippen würde. Bala, unser Therapeut, feuerte ihn an: »Ja, Bradley, schlag das Kissen! Schlag es, es ist dein Vater! Er hat dir's so oft gegeben, was willst du ihm jetzt sagen?«

Da drehte Bradley sich plötzlich zu uns um, wurde ganz ruhig und friedlich, und dann wandte er sich wieder dem Kissen zu und sagte vollkommen beherrscht: »Du rennst immer vor etwas davon, dein ganzes Leben bist du vor etwas davongerannt. Und nun schlägst du mir den Schädel ein, damit ich auch vor etwas davonrennen muß. Und dann bin ich für immer auf der Flucht, genau wie du – mein ganzes Leben.«

»Großartig, Bradley, das hast du wirklich gut gemacht«, meinte Bala.

»Scheißgroßartig«, sagte Bradley, »dieser ganze Kissenscheiß ist doch der totale Mist. Tu doch deine Kissen dahin, wo sie hingehören, ich rede nicht mit Kissen!«

Damit verließ Bradley die Gruppensitzung. Am Abend sah man nicht viel von ihm, und am nächsten Tag war er verschwunden. Ich sah ihn nie wieder. Das Komische war, daß er ohne Koffer oder so abhaute, er verschwand einfach. Sogar seinen Walkman, die Kopfhörer und die Kassetten ließ er zurück. Das verstand ich am allerwenigsten.

Aber das, was er von seinem Alten gesagt hatte, das mit dem Weglaufen, vergaß ich nicht. Davonrennen – genau das tat mein Vater auch. Zum ersten Mal sah ich ihn in diesem Licht.

Während der ganzen Zeit in der Villa schlug ich das Kissen niemals. Wie ein dummes Schaf glotzte es mich an. Ich glaube, wenn das Kissen für mich gestanden wäre, dann hätte ich schon zugeschlagen, dann hätte ich es grün und blau geschlagen – na ja, nachher läßt sich so etwas leicht sagen, damals hätte ich es wohl auch dann nicht getan. Aber Bala sagte sowieso immer, daß ich mir vorstellen solle, das Kissen sei meine Mutter oder mein Vater.

Ich wollte meinen Alten nicht schlagen. Damals dachte ich, das käme daher, weil ich ihn hatte weinen sehen, vernichtet, vom Leben geschlagen. Aber nachdem Bradley das von dem Weglaufen gesagt hatte, wußte ich, daß ich ihn nicht schlagen wollte, weil er ja schon vor etwas fortlief. Warum sollte man auf einen Mann einschlagen, der schon von selbst in die Knie geht?

Meine Mutter konnte ich aus anderen Gründen nicht schlagen. Vor allem wohl, weil ich sie einst geliebt hatte, aber auch, weil sie eine Frau ist. Sie war zwar ein Luder, aber doch immer noch eine Frau. Was das für einen Unterschied macht, weiß ich nicht, aber ich konnte sie jedenfalls nicht schlagen.

Ich ließ nur einmal meinen Kopf auf das Kissen fallen und lag einfach still da, während meine Gedanken forttropften.

Die Zeit in der Villa war für mich eigentlich sehr ruhig. Nur die letzte Woche wurde ungemütlich, als Balas Fragen mich aufzufressen begannen wie eine Raupe ein Blatt. Am Anfang redete ich nur sehr distanziert über Südafrika, wollte wohl vor Bradley und vor Bala, der aus Sri Lanka kommt, nichts dazu sagen. Aber nach vier Wochen hatte ich mich so daran gewöhnt, vor ihnen allen zu sprechen, mit ihnen zusammenzusein und Witze zu machen, daß es leichter wurde, von Südafrika und meinem Leben dort zu erzählen. Dieses Leben schien auch wieder näher und näherzurücken, durch das Reden darüber oder weil Bradley soviel über Südafrika wissen wollte oder weil Bala dauernd andeutete, daß meine Verkorkstheit etwas mit meiner Kindheit zu tun hatte.

In der letzten Woche wurde mir die Sache aber zu heiß. Richtig unangenehm wurde es, als ich die Geschichte von der Haarspange erzählte.

Passiert war damals folgendes: Matilda, unser Dienstmädchen – dabei mußte ich erst mal erklären, daß wir zwar Mädchen sagen, daß Matilda aber über dreißig war und daß auch Alfred, unser Boy, auf die siebzig zuging –, also, Matilda mußte jedenfalls jeden Tag unsere Betten machen. Das war eine ihrer Aufgaben, so wie Putzen, Kochen und auf Stelly und mich aufpassen, wenn meine Eltern ausgingen und Lynette mit einem ihrer Freunde unterwegs war. Im Garten mußte Matilda nichts tun, dafür war Alfred zuständig.

Also, ich erzählte, daß ich sie eines Tages erwischte, und zwar lekker!

»Hey, Matilda, warum hast du heute mein Bett nicht ordentlich gemacht?«

»Aber Basie, ich habe es doch gemacht.« Basie heißt kleiner Herr.

»Lüg mich nicht an. Schau doch selbst: Was liegt denn da?« Dabei zog ich die Bettdecke herunter. »Ich sag dir, was das ist: eine Haarspange! Heute morgen, bevor ich in die Schule ging, hab ich sie da reingelegt. Und jetzt ist sie noch immer hier – kannst du mir sagen, warum, Matilda?«

»Nein, Basie.«

»Aber ich kann es dir sagen: Weil du mein Bett nicht ordentlich gemacht hast, deshalb.«

»Entschuldige, Basie, dann mach ich es jetzt richtig.«

»Jetzt ist es zu spät. Du mußt es jeden Tag ordentlich machen, kapiert?«

Es war Jane, die sich daran stieß. Ich sagte ihr, daß sie sich nicht so furchtbar aufregen sollte, die meisten weißen Kinder in Johannesburg behandeln ihre Dienstboten so, daran war wirklich nichts Ungewöhnliches. Aber Jane fand es furchtbar und hielt mich für einen Sklavenschinder.

»Verdammt«, entgegnete ich, »du müßtest erst mal sehen, wie es in manchen Burenfamilien zugeht, dann wüßtest du, wie gewisse Leute ihre Schwarzen behandeln.« Beinahe hätte ich Kaffirs gesagt, wie es die Buren oft tun. Aber ich habe ja schon erzählt, daß ich dieses Wort grauenhaft finde, also erwähnte ich es nicht mal. Aber Jane war immer noch wütend.

Natürlich bekam sie Rückendeckung von Kevin, weil er sie anhimmelte, und für ein paar Tage hackten die beiden auf mir herum. Bei einem Mittagessen sagte Jane zu mir, ich sei noch viel verkorkster, als ich es auch nur ahnen würde. »Wenn du das sagst – auf dem Gebiet bist du ja Spezialistin«, gab ich zurück. Wißt ihr, warum Jane in der Villa war? Sie schnitt sich früher Herzchen und anderes Zeug in die Haut. Das sah furchtbar aus, wie eine Hautkrankheit, aber wenn man genau hinsah, erkannte man, daß es Narben und Schorf von ihrer Säbelei waren. Ich glaube, sie hat das Ganze mit Nähnadeln gemacht.

Vielleicht hätte ich das nicht zu ihr sagen sollen, denn nun regte sich Kevin total auf, und wir knallten uns gegenseitig ein paar üble Sachen ins Gesicht. Dann ging er auf mich los und ich auf ihn, und am Ende wälzten wir uns am Boden.

Als Bala uns auseinanderbrachte, bluteten meine Lippen. Aber wißt ihr was? Nach dem Krach ging es mit Jane und Kevin auf einmal. Und ich fühlte mich etwas wohler. Bei der nächsten Gruppensitzung fragte Bala Kevin, warum er mich benutzt habe und nicht das Kissen. Kevin wußte keine Antwort. Darauf meinte Bala, ich würde mich vielleicht selbst als Prügelkissen anbieten.

»Warum?«

»Vielleicht willst du dich für etwas, was du getan hast, bestrafen«, antwortete Bala.

Verdammt, das brachte mich ins Schwitzen! Die Sache wurde zu heiß und dadurch ungemütlich. Woher wußte Bala, daß ich etwas getan hatte? Von dem Mord hatte ich nie jemandem erzählt, niemandem, niemals.

Dieser Bala ist ein komischer Typ. An einem Tag denke ich, er hat das Leben voll im Griff, dann wieder sieht es so aus, als könnte er es selbst ganz gut vertragen, in einer Villa zu leben, aber in einer für Erwachsene.

Manchmal verbeißt er sich wie ein Terrier in etwas, das man gesagt hat. Und er hört nicht auf, bis er alles herausgezerrt hat. So war es, als ich meine Bar-Mizwa erwähnte.

»Erzähl uns davon, Selwyn.«

»Ich war gerade dreizehn, und mit dreizehn wird man nach jüdischer Tradition ein Mann. Es ist so ein Brauch wie die Beschneidung der jüdischen Jungen kurz nach ihrer Geburt.«

»Aber was muß man denn tun, um ein Mann zu werden?«

»Eigentlich nichts, nur in der Shul, der Synagoge, muß man aus der Bibel vorlesen. Das heißt, es ist eigentlich kein Lesen, sondern ein Singen. Ein paar Monate lang übte ich mit dem Rabbi jeden Nachmittag mein Bar-Mizwa-Stück in der hebräischen Schule ein. Und am Abend mußte ich eine Rede vor den Gästen halten.«

»Hat dir das Spaß gemacht?«

»Das Singen nicht, davor hatte ich Angst. Die Rede eigentlich auch nicht, die war so scheinheilig. Ich mußte sagen: ›Nun, da ich ein Mann bin, werde ich ... bla bla bla.‹ Dabei fühlte ich mich gar nicht wie ein Mann, sondern immer noch wie dreizehn. Aber die Geschenke gefielen mir. Alle diese Leute, die ich seit Ouma Fannys Beerdigung nicht mehr gesehen hatte, kamen zu mir, steckten mir Geld in die Tasche und wünschten mir ›masel tov‹, das ist Jiddisch und heißt ›herzlichen Glückwunsch‹.«

Susan fragte, wieviel Geld ich bekommen hatte.

»Eine Menge«, antwortete ich. »Bei dem Empfang waren über dreihundert Gäste, und die meisten schenkten mir zwanzig bis vierzig Rands, ein paar Onkel sogar hundert Rands, und Oupa gab mir fünfhundert.«

Susan meinte, daß ich zuviel Geld bekommen hätte.

»Ja, aber der Empfang hat auch viel Geld gekostet. Das Ganze fand in einem teuren Johannesburger Hotel statt.«

Susan erzählte dann etwas von den Kwakiutl-Indianern und einem ihrer Bräuche, der Potlatch heißt. Nach diesem Brauch gibt der Häuptling ein Fest und lädt dazu alle benachbarten Stämme ein. Jedem Gast macht er zu diesem Anlaß ein Geschenk oder verbrennt zu seiner Ehre eines, das größte, das er sich leisten kann. Es kostet ihn ein Vermögen, so ein Fest zu geben, aber auf diese Weise kann er zeigen, wie groß und mächtig er ist.

Susan macht gern alles schlecht, aber ich konnte verstehen, was sie sagen wollte. Genau das tat in Johannesburg jeder, mußte ein immer noch größeres Potlatch als der davor geben. Auch die Hochzeit von Lynette lief genau nach diesem Schema ab. Damals war unsere Familie zum letzten Mal komplett zusammengewesen.

»Warum denn das?« fragte Bala.

»Sie hat Ross geheiratet, einen Australier, und ist mit ihm nach Adelaide gezogen. Das war ihr Glück, denn das geschah drei Monate bevor...«

»Bevor was?« zerrte der Terrier weiter.

Verdammt, beinahe hätte ich mich verplappert! Mein Kopf surrte wie eine Schmeißfliege, so verzweifelt suchte ich nach einem Ausweg.

»Bevor mein Alter auf die Idee kam, Südafrika zu verlassen. Bevor sein Geschäft den Bach runterging.«

Der Terrier ließ sich nicht abschütteln.

»Warum hast du dich bei der Bar-Mizwa nicht wie ein Mann gefühlt?«

»Weil ich bei dem Empfang tanzen mußte. Das fand ich

entsetzlich, weil ich es nicht kann und mich deshalb vor den Mädchen, die da waren, genierte. Später hab ich Lynette gebeten, mir ein paar Tänze beizubringen.«

»Bist du dadurch zu einem Mann geworden?« fragte der Terrier.

»Nein.«

Dann quetschte Bala das Drama vom Flaschendrehen aus mir heraus, die Sache mit Kerrens Fingerspitze, die ich als einziges zu küssen wagte. Außerdem kam er noch auf die Geschichte mit Matilda und der griechischen Statue.

Als ich so um die zwölf war, mußte Matilda abends immer für mich und Stelly babysitten. Ich war zwölf, aber es hieß immer noch babysitten. Lynette paßte fast nie auf uns auf, und wenn sie es schon mal tat, dann verbrachte sie die ganze Zeit mit ihrem neuesten Freund im Wohnzimmer, die Tür verschlossen. Normalerweise ging sie abends aber aus.

Wenn Matilda auf uns aufpaßte, dann konnte sie nicht in ihrem Zimmer bleiben, denn das war außerhalb des Hauses, hinten neben unserem Schuppen. Dort hatte sie ein kleines Zimmer mit rot angemaltem Betonboden und einem Bett, dessen Füße auf Ziegeln standen. Warum, weiß ich bis heute nicht. Wenn sie sich waschen wollte, dann durfte sie den Wasserhahn an der Rückseite des Schuppens benutzen.

Sie wohnte allein, weil ihre Kinder vierhundert Kilometer entfernt im Homeland leben mußten, das habe ich ja schon erzählt. Auch ihr Mann durfte nicht bei ihr wohnen, er arbeitete in einer anderen Stadt. Aber manchmal sahen wir morgens einen schwarzen Mann aus ihrem Zimmer schleichen und die Einfahrt wie ein Blitz hinunterlaufen, bevor Sweetie aufwachte. Ich glaube, es war nur selten der gleiche Mann. Matilda verbrachte ihre Nächte mit vielen verschiedenen Männern. Mein Alter konnte das nicht leiden und ermahnte sie deshalb immer wieder, aber es hörte nie auf. Er glaubte ganz ernsthaft, daß Schwarze eine andere Auffassung von Moral als Weiße haben.

Jedenfalls saß Matilda immer in der Küche, wenn sie babysittete, weil sie nirgendwo anders im Haus sitzen durfte. Schließlich war das Haus für Weiße da, nicht für schwarze Dienstmädchen.

Eines Nachts, nachdem Stelly eingeschlafen war, badete ich, und danach kam mir eine Idee. Ich holte mir das Lexikon und fand ein Bild von einer griechischen Statue, um deren Unterleib nur ein Tuch geschlungen war. Genau so zog ich mich nun auch an und ging dann in die Küche.

»Hey, Matilda«, sagte ich und zeigte ihr das Bild. »Weißt du, was das ist?«

»Nein, Basie, was denn?«

»Das ist ein Bild von einer griechischen Statue. Der Mann hat genau wie ich ein Handtuch um sich geschlungen.«

Dann zeigte ich ihr das Bild von einer weiblichen griechischen Statue. Ihr Handtuch bedeckte weder den Busen noch sonst etwas.

»Matilda, zeig doch mal, ob du auch wie eine griechische Statue sein kannst! Hier, ich hab dir ein Handtuch mitgebracht.«

Matilda nahm das Handtuch und schlang es um sich, aber über ihrem Kittel.

»Mann, Matilda, du mußt es doch wie die Statue machen: ohne Kleider!«

»Nein, Basie, dafür bin ich zu dick. Ich kann das nicht, bitte, Basie!«

Als sie es nicht tun wollte, lief ich aus der Küche und ließ dabei mein Handtuch fallen, absichtlich zufällig. Sie muß meinen weißen Hintern aufblitzen gesehen haben.

Noch nie zuvor hatte ich jemandem diese Geschichte erzählt, und nachdem ich es getan hatte, war ich mir auch nicht sicher, ob das richtig gewesen war. Ich schämte mich ein bißchen. Aber die Gruppe hörte zu, und außer ein oder zwei geistreichen Bemerkungen sagte niemand etwas Schlimmes zu mir.

An diesem Tag kam Rosalie in die Villa. Sie brachte mir zwar nichts mit, aber es war doch nett von ihr, daß sie mich besuchte. Sie fragte mich, ob in der Villa alles in Ordnung wäre und was mit meiner Lippe passiert sei. Ich erzählte ihr von der Prügelei. Ich erzählte ihr auch von dem, was Bradley über das Weglaufen gesagt hatte, und fragte sie, ob sie das verstehe. Rosalie meinte, daß viele Leute, die Südafrika verlassen haben, Exilanten sind und daß vielleicht alle Exilanten am Weglaufen sind.

»Südafrika hat eine schlimme Wirkung auf die Menschen«, sagte sie. »Hast du jemals darüber nachgedacht, wie abartig das Leben dort war?«

»Eigentlich nicht – bis jetzt.«

»Es ist ein grausames Land, voll Blut und Schmerz.«

In der Nacht darauf hatte ich einen sehr, sehr schlimmen Traum. Voller Panik wachte ich auf, schwitzend und zitternd.

Und was hatte ich geträumt? Ich ging irgendwo im Ellis-Park-Stadion umher. Eine Bombe explodierte, und die Leute rannten in alle Himmelsrichtungen fort. Ich schaute auf die Armbanduhr, die mir mein Vater zum Geburtstag geschenkt hatte. Er hatte dafür hundertfünfzig Rands im

Großhandel gezahlt. Wegen der Bombe war überall Rauch, aber durch ihn hindurch konnte ich eine schwarze Frau sehen, die ein wenig wie Matilda aussah und die auf einem umgedrehten Eimer saß und dabei ihr Baby stillte. Dann rennt dieser Tsotsi auf mich zu, er ist etwa so alt wie ich. Er rennt vor der Bombe davon, aber ich weiß, daß er meine Uhr will, und denke: Der Scheißtyp, gleich werde ich sehen, was er im Sinn hat. Also nehme ich die Uhr von meinem Arm und halte sie in meiner linken Hand, aber nicht in der Faust versteckt, sondern lose herabbaumelnd, so daß er sie sehen kann. Der Tsotsi rennt an mir vorbei, und plötzlich fühle ich, wie mir die Uhr von der Hand gerissen wird. Ich drehe mich um, der Tsotsi läuft wie ein gesengter Hund davon. Ich jage ihm hinterher, stampfe dabei mit den Füßen auf den Boden, um soviel Lärm wie möglich zu machen. Wegen der vielen Rugbyspielerei in der Schule fühle ich mich fit und glaube, daß ich ihn erwischen kann. »Du verdammter Hund«, schreie ich. »Ich bring dich um, du Schwein!« Er bekommt Angst, sieht sich um, und ich hole ihn fast ein. Deshalb läßt er die Uhr fallen. Aber ich renne weiter hinter ihm her. Dann habe ich ihn, werfe ihn zu Boden und trample mit den Füßen auf seinem Gesicht herum. Blut strömt aus seinem Gesicht, und er schreit: »Eina! Eina!« Aber ich lasse nicht nach, bis er zu schreien aufhört. Dann sehe ich ihn an, er ist tot. Und ich kenne sein Gesicht. Es ist Philemon Majodena, und ich habe ihn umgebracht. Und die Frau, die wie Matilda aussieht, kommt mit ihrem Baby zu mir und sagt: »Basie, schäm dich, das hättest du nicht tun sollen.« Ich sehe sie an – sie hat ein freundliches Gesicht, und das Baby, das sie trägt, ist weiß, blond und hat eine gerade, schmale Nase.

8

»Ist das deine Freundin?«

Kevin und Jane waren beide neugierig wegen meiner Beziehung zu Rosalie. Seit wir uns in die Haare bekommen hatten, waren die beiden um einiges freundlicher zu mir.

»Nein, ihre Mutter ist mit meiner Mutter befreundet.«

»Aber du stehst auf sie, oder?«

»Weiß nicht, hab noch nicht drüber nachgedacht.«

Hatte ich aber doch, sogar oft. Ich fand Rosalie wirklich nett – wenn ihr versteht, was ich meine. Sie hat schöne braune Augen und gewellte Haare. Ihre Arme sind weich, ihre Fingernägel gepflegt und nur ganz leicht zugespitzt, und, ja, sie hat eine tolle Figur – ich dachte viel darüber nach, wie es wohl wäre, wenn ich sie berühren dürfte. Oder wenn sie sich von mir küssen lassen würde. Keine Ahnung, ob ich ihr gegenüber wieder verklemmt sein würde. Vielleicht würde ich ja einfach erstarren. Aber es war schon lange her, seit ich zum letzten Mal wegen irgendwas erstarrt war. Vielleicht lag das an den Tabletten, die ich in der Villa bekam.

»Hast du ihr schon mal deinen weißen Hintern gezeigt?« fragte mich Kevin.

Darauf reagierte ich sauer. »Die Geschichte hab ich nicht zum Spaß erzählt.«

»Tut mir leid, hab's ja nicht so gemeint.«

Ich erzählte der Gruppe von meinem Traum, tat aber so, als hätte er keinerlei Bezug zur Wirklichkeit und als hätte ich noch nie von Philemon Majodena gehört. Wenn es nur so gewesen wäre! Ich sagte, daß der Traum mit Joycie Adams zu tun haben mußte. Sie war in Kapstadt unser Dienstmädchen gewesen, von meiner Geburt bis zu der Zeit, als wir umzogen, also bis zu meinem siebten Lebensjahr.

Sie war *coloured*, eine Farbige. In Südafrika nennt man so Leute, die weder weiß noch schwarz, sondern Mischlinge sind. Laut Mr. Jongsma, meinem Erdkundelehrer in Johannesburg, war das der Grund, warum ihr die Vorderzähne fehlten. Wenn man Rassen vermischt, sagte er, leidet der Körper, weil die Gene degenerieren. Er sagte auch, daß man in Südafrika deswegen bei Herztransplantationen vorsichtig sein muß, denn es bringt nichts, wenn ein Weißer das Herz von einem Schwarzen bekommt und umgekehrt. Das hatte uns dieser Lehrer gesagt, und ich erzählte es nun der Gruppe.

»Du mußt ja total bescheuert sein, wenn du das glaubst«, sagte Jane.

Joycie Adams war lieb. Als Ma noch jung war, spielte sie viel Tennis, sogar Turniere. Viel zu Hause war sie nicht, schließlich traf sie sich ja immer mit tausend Leuten. Joycie war Lynettes und mein Kindermädchen, mit ihr waren wir die ganze Zeit zusammen – außer wenn Ma uns eine Extrafreude bereiten wollte und mit uns zum Strand von Muizenberg oder auf ein Picknick in die Kirstenbosch-Gärten fuhr.

Ich weiß nicht, ob Lynette das auch so empfand, hab sie nie danach gefragt, aber für mich war Joycie wie eine Mama. Sie kümmerte sich um mich wie um ihr eigenes Kind – deswegen war das Baby im Traum wohl weiß, das war ich.

»Diese Frau war also wie eine Mutter für dich?« fragte Bala.

»Ja, das stimmt.«

Ich erzählte ihnen, daß es vielen Weißen in Südafrika so mit ihren Kindermädchen geht.

»Wie lange war sie deine Ersatzmutter?« Ich hab ja schon erzählt, daß Bala nie von einer Sache abließ, bis er völlig zufriedengestellt war.

»Keine Ahnung – bis wir Kapstadt verließen. In Johannesburg bekamen wir Matilda, aber die war alles andere als eine Mutter für mich. Nur Joycie Adams war so.«

Damit waren wir wieder beim Thema Matilda gelandet, und ich entschloß mich, der Gruppe von der Sache mit den Schokoriegeln zu erzählen. Ich wußte, daß diese Art persönlicher Geschichten Bala gefiel, weil er darin eine innere Öffnung bei mir sah. Solange er sich damit zufriedengab, würde er meine von Blut besudelten Hände nicht bemerken, hoffte ich.

Das mit den Schokoriegeln kam ziemlich häufig vor, als ich so zwischen dreizehn und vierzehn war.

Ich sagte zu Matilda, sie solle für mich in den Laden gehen.

»Hey, Matilda, hol mir ein paar Schokoriegel!«

»Ja, Basie.«

»Einen mit Karamell und einen mit Nuß.«

»Ja, Basie.«

»Da sind zwei Rands, das Wechselgeld bringst du wieder zurück, okay?«

»Ja, Basie.«

»Wenn du wieder da bist, legst du die Schokolade und das Wechselgeld hier auf meinen Schreibtisch, ja?«

»Ja, Basie.«

Während sie einkaufen ging, badete ich und legte mich dann kaalgat aufs Bett. Kaalgat heißt eigentlich »nacktes Loch«, gemeint ist damit aber einfach nackt. Ich hatte nur ein kleines Handtuch über mich gelegt, und das verbarg nicht, wie mich die Erwartung des Kommenden erregte. Das Bett stand direkt neben dem Schreibtisch, und Matilda mußte die Schokoriegel und das Wechselgeld auf den Schreibtisch legen, während ich mich schlafend stellte.

Nachdem das eine Weile so gegangen war, wurde Matilda von meinem Alten rausgeschmissen. Mir sagte er, daß sie Herzprobleme hatte und deshalb nicht mehr arbeiten konnte. Wir bekamen ein anderes Dienstmädchen, Violet, aber mit ihr tat ich so etwas nicht, denn als ich vierzehn war, passierte die Sache mit Philemon Majodena. Und danach tat ich überhaupt nichts mehr.

Davon erzählte ich den Leuten in der Gruppe nichts. Sie hätten mich nur gefragt, was denn mit Philemon Majodena passiert war, und ich wollte nicht sagen, daß ich ihn umgebracht hatte. Bala hätte sich in die Sache verbissen und die Wahrheit aus mir herausgezerrt. Die Leute hätten mir zu viele Fragen zu Sachen gestellt, über die ich nicht reden wollte. Es ging sie überhaupt nichts an, was mit Philemon Majodena geschehen war.

»Mein Alter hat Matilda gefeuert«, erzählte ich, »aber mit meiner Ma fuhr er zweimal im Jahr auf ein langes Wochenende nach Sun City, um dort ins Casino zu gehen und schwarze Striptease- und Kaalgat-Tänzerinnen anzuschauen.«

Sogar unter den Buren war das gang und gäbe: ein heißes Wochenende in Sun City oder Swaziland. Solange es nicht im offiziellen Obrigkeitsgebiet Südafrikas lag, konnte man so ein Wochenende in einem noblen Hotel verbringen, ins

Casino gehen, sich die unzensierten Fassungen verbotener Filme ansehen und eine schwarze Frau zum Vorzugspreis bekommen. Zumindest hatte ich das gehört. In Südafrika selbst gilt es als Verbrechen, wenn ein weißer Mann mit einer schwarzen Frau oder ein schwarzer Mann mit einer weißen Frau zusammen war. Ich kann mir nicht vorstellen, daß meine Mutter schon damals schwarze Typen beäugte, obwohl, man weiß ja nie. Man muß sie ja nur in England frei rumlaufen lassen, und schon deckt sie ihren Nachholbedarf im Eiltempo.

An meinem vorletzten Tag in der Villa wurde ich zu einem Gespräch mit Dr. Richards, dem Psychologen, gerufen. Jede Woche hatte ich eine Sitzung bei ihm. Er ist derjenige, der in der Villa das eigentliche Sagen hat, aber wir waren nie auf derselben Wellenlänge, und überhaupt, eine Stunde in der Woche ist nicht gerade sehr viel.

Am Ende dieses Gesprächs fragte er mich, ob ich nun so weit sei, wieder nach Hause zu gehen. Ich sagte ja, und er meinte, daß er genauso denke, ich hätte einen großen Schritt voran gemacht. Am liebsten hätte ich widersprochen und gesagt, daß der einzige große Schritt, den ich gemacht hatte, der aus Südafrika gewesen war, und sonst gar keiner.

Eigentlich wollte ich noch gar nicht nach Hause, aber die Sache hatte einen Vorteil: Ich würde meine Ruhe vor weiteren, bohrenden Fragen haben. Daß Balas Fragen mich wie eine hungrige Raupe aufzufressen begannen, habe ich ja schon erzählt.

An meinem Abschiedstag organisierten sie in der Villa ein Fest für mich. Es gab Cola, Süßigkeiten, Erdnüsse, Chips und eine Glückwunschkarte.

Als die Leute so die Knabbersachen in sich reinmampften, mußte ich ihnen doch noch etwas von Südafrika erzählen.

Drei- oder viermal waren wir auf unserer üblichen Urlaubsreise nach Kapstadt nicht mit dem Auto, sondern mit dem Zug gefahren. Die Strecke von Johannesburg aus ist sehr weit. Wir saßen in den Waggons, die nur für Weiße bestimmt waren, und schauten aus dem Fenster. Unterwegs kamen wir durch viele Bahnhöfe. Manche von ihnen lagen in ganz kleinen Orten mit drei Häusern, einer Kirche und eben dem Bahnhof, andere gehörten zu größeren Städten, die von Town-ships umgeben waren, in denen die Schwarzen leben.

Die ganze Strecke entlang sah man Piccanins, so nennt man die Kinder von Schwarzen. Einige von ihnen waren einfach nackt oder trugen zerfetzte Shorts oder zerschlissene Kleider. Entlang den Gleisen warteten sie auf Almosen.

Ich hatte immer eine ganze Tüte Bonbons dabei, die ich dann eins nach dem anderen aus dem Fenster warf. Die Piccanins standen da, hoben ihre Hände und riefen: »Bitte, Baas! Bitte, Baas!« Wenn man dann ein Bonbon rauswarf, rannten vier oder fünf Piccanins hin und balgten sich darum wie Enten um ein Stück Brot.

Einmal hielt der Zug irgendwo außerhalb. Hinter einem Zaun, der an die Gleise grenzte, lag der Garten einer Polizeiwache, und entlang dem Zaun standen Piccanins, die ihre Hände zum Betteln in die Luft streckten. Also warf ich ein paar Ein-Cent-Münzen, etwa sechs oder sieben, in den Garten, und die Piccanins mußten über den Zaun klettern, um sie zu holen.

Als ich diese Geschichte erzählte, wußte ich, daß Jane

und Kevin sie abscheulich finden und Mitleid mit den Piccanins haben würden. Aber damals in Südafrika war ich ehrlich davon überzeugt gewesen, ihnen etwas zu schenken. Sie waren so mager und sahen so hungrig aus, daß ich ihnen etwas geben wollte. Ich glaubte sogar, daß sie mich großzügig finden würden. Daß ich die Münzen in den Garten der Polizeiwache warf, war doch nur ein kleiner Spaß, dachte ich damals. Aber als ich an meinem letzten Tag in der Villa davon erzählte, war ich mir nicht mehr so sicher. Ich hatte ein schlechtes Gewissen, auch das sagte ich der Gruppe. Sie ließen mich dreimal hochleben, weil ich mich ganz von selbst für etwas geschämt hatte, ohne daß einer aus der Gruppe mich dazu bringen mußte.

Es war nicht nur, daß ich mich schämte. Wenn *mir* irgendein Typ einen Cent in einer Polizeiwache vor die Füße geworfen hätte, würde ich einen Irrenarzt rufen. Rosalie hatte recht: In Südafrika war das Leben abartig.

Die Abschiedskarte von der Gruppe war in Ordnung. Vielleicht, dachte ich, sollte ich mir ja eine Sammlung von diesen großen Karten anlegen, auf denen immer alle unterschreiben. Aber zumindest heuchelten die Leute von der Villa nicht.

»Laß dich von den Hunden nicht unterkriegen. Kevin«, stand da. Und: »Du bist in Ordnung. Jane.« Bala hatte geschrieben: »Hier in der Villa wissen wir alle, daß du Mumm hast. Uns hast du es bewiesen, und dem Rest der Welt kannst du es auch zeigen!«

9

Sobald ich zu Hause war, wußte ich, daß das falsch war. Ich spürte, wie die Wellen wieder anwuchsen, die Zeit der Ebbe war vorbei. Bald würde die Flut kommen, und die riesigen Killerwellen würden über mir zusammenstürzen.

Ich spürte das, sobald ich das Haus betrat. Hier roch es nach Scheinheiligkeit. Meine Mutter tat so, als wollte sie nett sein. Sie hatte meinen Lieblingskuchen gebacken, Bananenkuchen mit dicker Glasur, und Schokolade, Chips und Erdnüsse hingestellt. Doch wegen der Abschiedsfeier in der Villa konnte ich nicht viel essen. Ma und der Alte quetschten heraus, wie nett es sei, daß ich wieder da sei, und Stelly hatte ein »Herzlich willkommen«-Schild aufgehängt. Sie war das einzig Unverfälschte in diesem Haus.

Schon bei der Heimfahrt im Auto hatte ich zwei Gerüche in der Nase: Whisky und Mas Parfum. Der Whiskygeruch kam aus dem Mund meines Vaters, er hing aber auch im Haus. Ich war noch nicht einmal eine Stunde zu Hause, da sah ich meinen Alten heimlich ins Wohnzimmer schleichen, wo er sich einen großen Whisky einschenkte. Meine Mutter erdolchte ihn mit Blicken.

In Johannesburg war der Schrank mit den Schnapsflaschen und so immer fest verschlossen gewesen, aber trotzdem fehlte hin und wieder etwas. Das muß Matilda gewesen sein. Wir erwischten sie zwar nie, aber man konnte sehen, daß die Flaschen immer leerer wurden, und Matilda wirkte oft ein bißchen angeheitert.

Am schlimmsten war es mit dem Trinken jedoch mit Jubilee gewesen, der für meinen Alten im Warenlager arbeitete. Manchmal war er nach dem Mittagessen so besoffen, daß er nicht mehr wußte, was oben und was unten war. Mit blutunterlaufenen Augen und dümmlichem Grinsen schwankte er auf seinen Füßen wie ein Schaukelpferd vor und zurück.

»Jubilee, kom hierso«, rief mein Alter ihn zu sich, »komm her!«

»Ja, Baas?«

»Du hast schon wieder gesoffen, Kaffir!« Mein Alter benutzte das Wort manchmal, wenn er wirklich wütend war.

»Nein, Baas, ich hab nichts getrunken.«

»Lüg mich nicht an, Mann! Das riecht man doch meilenweit, dieses verdammte Kaffirbier.«

»Nein, Baas, ich hab nichts getrunken, nur Limonade!«

»Limonade! Red nicht so einen Mist, Mann! Ich bezahl dich doch nicht, damit du dann hier betrunken antanzt. Dafür gibt's heute kein Geld, verschwinde jetzt! Du wirst noch ein richtiger Säufer. Wenn das noch einmal passiert, Jubilee, dann ist die Sache erledigt. Verstaan jy?«

»Ek verstaan baas. Ja, ek verstaan.«

»Nou ja, voetsek. Und laß dich morgen erst gar nicht blicken, wenn du nicht stocknüchtern bist!«

Mein Alter feuerte Jubilee nicht, denn er war ein guter Arbeiter, wenn er nicht trank. Er besorgte die Buchhaltung im Warenlager und stapelte die Säcke mit Zucker, Mehl und Mielie Meal, dem Maismehl, von dem die Schwarzen sich größtenteils ernähren. Außerdem fuhr er die Waren in dem großen Lieferwagen aus. Siebenundzwanzig Jahre hatte er für die vorigen Besitzer des Geschäfts gearbeitet, und neun Jahre arbeitete er für meinen Vater. Aber wenn er betrunken war, konnte man ihn zu nichts mehr gebrauchen, dann wußte er nicht einmal mehr seinen eigenen Namen, sagte Vater.

In dieser ersten Woche zu Hause konnte ich beobachten, daß Vater wie Jubilee wurde. Er arbeitete nicht mehr bis zehn Uhr abends, sondern kam zwischen fünf und sechs nach Hause. Warum das so war, erzählte er nicht, aber ich wußte, daß es schlecht um seine Geschäfte stand. Genau wie um seine Ehe. Außerdem war sein Vater gestorben. Ich weiß nicht, ob er Oupa so wie ich vermißte, aber er begann genauso alt wie Oupa auszusehen. Unter den Augen hatte er tiefe Ringe, außerdem weitete sich vorne und oben auf dem Kopf eine Glatze aus.

Ma beachtete ihn meistens gar nicht, sie war mehr außer Haus als je zuvor. Mit dem schwarzen Typen sah ich sie nie mehr. Wer weiß, vielleicht machte sie mit einem Neuen rum.

Als ich an dem Tag nach meiner Heimkehr wieder in der Schule auftauchte, starrten die Leute mich an, als sei ich ein Geist. So muß mein Vater angestarrt worden sein, als er aus dem Aufzug stieg, nachdem er die drei Stockwerke hinuntergefallen war.

Sie wußten kaum, was sie sagen sollten, es war, als hätten sie Angst vor mir. Es muß ein echter Skrik für sie gewesen sein, als ich wiederauftauchte.

»Haben dir die Marios gefallen?«

»Wer ist das denn?«

»Das Spiel, das wir dir ins Krankenhaus geschickt haben.«

»Ach das – ja klar«, log ich.
»Spielst du wieder mit Fußball?«
»Denke schon.«
»Waaas? Was hast du gesagt?«
Oh, verdammt, warum konnten sie nicht zuhören?

Am nächsten Tag schwänzte ich und ging wieder zu der Schlucht. Ich mochte die Schlucht, sie war phantastisch. Sie war der einzige Ort in England, der mir gefiel – sie wurde mein neues Vogelschutzgebiet.

Die Hängebrücke ist alt, und ich mag keine alten Bauwerke – in Johannesburg gibt es nur ganz neue Gebäude, nichts ist älter als ein paar Jahre, dann wird es abgerissen, und man baut etwas Neues. Aber die Hängebrücke mochte ich, und Brunel auch, weil er sie gebaut hatte. Wißt ihr, wie er mit Vornamen hieß? Das steht auf einem Gedenkschild an der Brücke: Isambard Kingdom. Ehrlich, ich erzähl euch keinen Quatsch, das ist die reine Wahrheit. Isambard klingt wie ein afrikanischer Name, wie Jubilee, ist aber wohl keiner.

In dieser Nacht stritten sich meine Mutter und mein Alter wie die Wahnsinnigen hinter geschlossenen Schlafzimmertüren. Meine Mutter beschimpfte meinen Vater, daß er trank und sein Geschäft den Bach runtergehen ließ, und er beschimpfte sie, weil sie sich nur noch herumtrieb. Vielleicht wußte er ja doch, was sie in ihrer Freizeit tat.

Dann hörte ich etwas laut hinfallen und war froh, daß mein Alter den Revolver in Johannesburg gelassen hatte. Denn früher hatte ich bei so einem Lärm immer gleich Angst gehabt, daß die Sache gewalttätig werden und mein Vater seinen Revolver ziehen und gegen jemanden richten könnte. Er hatte den Revolver doch in Johannesburg gelassen, oder? Er war ihm doch von der Polizei abgenommen worden? O Gott, in meinem Gedächtnis war ein Loch, und ich konnte mich einfach nicht mehr erinnern, was mit dem verfluchten Revolver passiert war.

Stundenlang schrien sie sich an, und ich dachte, in dem an unseres geklebten Nachbarhaus möchte ich wirklich nicht leben. Das Gekeife muß die Leute die ganze Nacht wach gehalten haben.

Ich aber hörte den Streitereien nicht weiter zu, und wißt ihr, wie ich das machte? Ich steckte Wattepfropfen in die Ohren und den Kopf unter die Bettdecke – so wie ich früher untergetaucht war, wenn wir an einem Friedhof vorbeifuhren.

Am nächsten Tag ging ich zurück zur Schlucht und tat nichts, als dort zu sitzen. Und wie ich da so saß, beobachtete ich etwas, das ich nie vergessen werde, denn es jagte mir den Schreck meines Lebens ein.

Wenn nicht jemand auf der Hängebrücke geschrien hätte, hätte ich gar nichts mitbekommen. Doch die Leute riefen etwas und zeigten auf einen Mann, der auf die Drahtumzäunung mitten auf der Brücke geklettert war.

O mein Gott! Ich erschrak total! Der Typ wollte runterspringen, wollte sich direkt vor den Augen all dieser Leute umbringen. Ich stand auf, um besser sehen zu können. Und dann sprang er tatsächlich. Mein Herz blieb einfach stehen, so erschrak ich. Schließlich ist man an so was nicht gewöhnt.

Mann, der Typ fiel eine halbe Ewigkeit, da ist ein Liftschacht ein Kinderspiel dagegen. Das war wie zehn Liftschächte auf einmal, so weit wie damals, als ich die Überdosis nahm und bis zum Mittelpunkt der Welt stürzte. Nur daß es keine Chance für diesen Typen gab, den Sturz zu überleben. Tiefer, tiefer, tiefer, tiefer! Ich sage euch, in der

Zeit, in der er fiel, blieb die ganze Welt stehen, nichts rührte sich mehr. Nichts, außer diesem einen Körper. Immer tiefer, tiefer, tiefer, tiefer!

Am Grund der Schlucht fließt der Avon. Bei Flut kann man ihn als Fluß bezeichnen, aber wenn Ebbe ist, sieht er nur aus wie so ein Matschfeld mit ein paar Tropfen Wasser in der Mitte, so wie diese Flußläufe in Südafrika, über die zwar Brücken führen, die aber so trocken sind, daß man sich gar nicht vorstellen kann, wo der Fluß eigentlich verläuft, wenn es regnet.

An diesem Tag war jedenfalls Ebbe, und der Typ stürzte und stürzte, tiefer und tiefer, immer auf den Schlamm zu. Gott, was für ein langer Fall! Und jetzt war er fast angelangt, nur noch ein winziges Stück, dann würde er völlig in diesem Matsch verschwunden sein, wie ein Stein, den man in den Schlamm wirft und der ganz und gar verschwindet, spurlos.

Aber was passierte dann? Ich konnte meinen Augen kaum trauen: Als der Typ schon fast auf dem Matsch aufprallte, flog er wieder aufwärts! Zurück zur Brücke! Soviel über Wunder, soviel über Stürze durch hölzerne Falltüren, soviel über das Gehen auf dem Wasser! Dieser Typ wurde wieder rauf zur Brücke getragen, wurde vor dem sicheren Tod gerettet.

Ich glaube, ich drehte bei dem Anblick ein bißchen durch, denn offensichtlich herrschten auf dieser Welt andere Gesetze als die, die man in der Schule lernt. Soviel also zur Schwerkraft: Ganz und gar gegen ihr Gesetz schwebte dieser Typ aufwärts.

Aber dann sah ich das Seil, das Seil, das ihn mit der Brücke verband. Und ich kapierte, daß es sich um ein elastisches Seil handelte, ein ellenlanges elastisches Seil, und daß der Typ so eine Art Stunt hingelegt hatte, wahrscheinlich ein Stuntman war.

Später, nachdem die Polizei ihn mitgenommen hatte, erkundigte ich mich, was geschehen war. Ich erfuhr, daß der Typ einem Club für Abenteuersport angehörte. Mein Gott, so etwas hatte ich noch nie gehört. So ein Domkop, wenn nun sein Seil gerissen wäre – oder wenn es sich ein paar Meter weiter als geplant gedehnt hätte?

An diesem Abend schrieb ich zum ersten Mal mit dem neuen Füller, den Rosalie mir geschenkt hatte, ein Gedicht. Ich befand mich tief unten im Bergwerk, von meinem Helm strahlte Licht, und Schweiß lief mir das Gesicht hinunter. Die Felsbrocken mit den Goldadern wurden in kleinen Zügen zu den Werkstätten gebracht, wo sie von riesigen Maschinen zerkleinert und in Bottiche gekippt wurden. Als die Öfen die höchste Temperatur erreichten, konnte ich die reiche Ausbeute sehen, die die Erde hergegeben hatte. Durch die Felsen zogen sich glänzende Streifen, goldene Streifen, und manche dieser Goldadern sahen aus wie das gemusterte Fell von Geistertigern, die sich am Rande der Schlucht anpirschten, und in anderen Adern schwangen Bilder von einem Typ, der in den Abgrund sprang und dessen Leben an einem elastischen Strang hing. Auf dem Grund der Schlucht gab es ein Rondavel, eine kleine runde Hütte mit Strohdach, in der die Forscher sich nachts ausruhen können. Das Rondavel hieß Villa, und in ihm brannte ein Feuer. Die Forscher erzählten einander die Abenteuer des Tages, und dann war da noch ein Mädchen, das mitten in der Nacht kam, als es stockfinster war, und sie nahm einen der Forscher bei der Hand und sagte, daß sie über die Wellen, die sich am Strand brechen, Bescheid wisse, daß sie von ihnen emporgeschleudert und beinahe zermalmt worden war, aber daß sie nun auf ihnen reiten wolle, wie ein Wellenreiter, und ob er nicht mit ihr kommen wolle? Die Felsbrocken mit den kostbaren Mineralien schmolzen in den glutroten Öfen, die dampfende goldene Tinte zischte in die Tintengläser, und ich schrieb dieses Gedicht mit meinem neuen Füller.

Es war ein Gedicht für Rosalie.

Mit meiner schönsten Schrift schrieb ich es auf die erste Seite des Blocks in der Schreibmappe, Rosalie sollte es lesen. Am liebsten hätte ich sie gleich angerufen, jetzt, um halb drei Uhr nachts, und zu ihr gesagt: »Komm her, ich muß dir etwas zeigen, etwas, was für dich ist.« Aber ich tat es nicht, ich wartete bis zum nächsten Tag.

Auch diesen Tag verbrachte ich an der Schlucht, zögerte es hinaus, Rosalie anzurufen. Als ich nach Hause kam, gab es Ärger: Mein Alter wartete auf mich.

»Wo hast du die ganze Zeit gesteckt?«

»Was geht dich das an?«

»Das geht mich sehr viel an, ich bin immerhin dein Vater!«

»Du bist nicht mehr wie ein Vater.«

»Werd bloß nicht frech, Selly, dazu bin ich nicht in der Stimmung!« Seine Whiskyfahne kroch mir in die Nase. »Ich weiß, daß du nicht in der Schule warst. Dein Direktor hat angerufen.«

»Na und? Ich kann diese Schule nicht ausstehen.«

»Aber wo hast du dann gesteckt, Mann!«

»Spielt doch keine Rolle.«

»Halt mich nicht für blöd, Selly, ich will das jetzt wissen.«

»Also gut, ich war an der Schlucht in Clifton.«

»Lüg mich nicht an – ich weiß genau, wo du warst!«

»Wo denn?« Seine Behauptung erstaunte mich. Was glaubte er zu wissen?

Er drehte sich um und nahm etwas von der Ablage. Es war ein Buch – meine Schreibmappe! Die, die mir Rosalie gegeben hatte! Die mit dem Gedicht auf der ersten Seite! Mein Liebesgedicht an Rosalie! Dieses Schwein, wie hatte er es nur in die Hände bekommen? Er hatte in meinen Sachen rumgeschnüffelt und meine Gedichte gelesen!

»Gib das her!« schrie ich und versuchte ihm die Schreibmappe abzunehmen. »Das gehört mir, das geht nur mich etwas an, laß deine Säuferhände davon!«

Verdammt, war ich wütend! Ich kämpfte mit ihm, aber er war stark und gab die Schreibmappe nicht her.

»Hab ich also recht gehabt. Wer ist das Früchtchen, das du immer triffst?«

Himmel, war ich froh, daß ich nirgends Rosalies Namen hingeschrieben hatte. Zumindest das blieb geheim.

»Hast du sie geschwängert, oder was ist los, Mann?«

Der reine Wahnsinn, auf was für einem falschen Dampfer der war. Wie war er nur darauf gekommen?

»Gib mir die Mappe, die gehört mir!«

»Ja, damit du sie dann verschwinden läßt, nicht wahr? Schließlich ist das Beweismaterial!«

Wovon redete der eigentlich? Scheiße, der alte Säufer hatte das Gedicht völlig mißverstanden! In dem Gedicht ging es um Liebe, die Gefühle zwischen Menschen. Daß man tief ineinander eindringen muß, um das flüssige Gold der Liebe zu finden. Und mein verdammter Alter dachte, daß es um Sex und Schwangerschaften ginge!

»Gib mir das Gedicht zurück! Ich lass' es schon nicht verschwinden, aber es gehört mir, für dich ist das nichts!«

Und was machte der Idiot dann? Er riß die erste Seite

vom Block und gab mir dann die Mappe. Das Blatt mit dem Gedicht aber knüllte er zusammen und steckte es in seine dreckige Tasche.

Ihr könnt euch vorstellen, daß ich ausrastete.

»Ich war gar nicht mit einem Mädchen zusammen, du hast überhaupt nichts verstanden! Genau wie bei Ma! Da kapierst du ja auch nichts! Als ob ich jemand schwängern würde... aber sie...«

Ich kam nicht dazu, diesen letzten Satz zu beenden. Wie ein zusammenstürzendes Haus raste seine Faust auf mein Kinn, und ich dachte, daß es so platzen würde wie eine Tomate, die man gegen eine Wand schleudert. Es tat entsetzlich weh. Ich lag einfach auf dem Boden, zusammengebrochen.

Mein Alter drehte sich um und ging rauf in sein Zimmer.

Ich lag einfach da auf dem Boden.

Ich dachte, es stimmt, der Mann muß immer weglaufen. Kein einziges Mal hat er mit mir über Philemon Majodena gesprochen, dabei war der Junge durch seinen verdammten Revolver erschossen worden. Er ist so schnell vor dem Blut dieses Jungen geflüchtet, daß er nicht einmal mehr merkt, wie er auf eine Felswand zurast. Der Aufprall wird schlimmer sein als seine Faust auf meinem Kinn!

10

Am nächsten Tag rief ich Rosalie an und bat sie, nach der Schule zum Trödelmarkt in Clifton zu kommen.

»Deine Lippe ist wieder ganz«, sagte sie zur Begrüßung, »aber was ist jetzt mit der Backe los?«

Meine Backe war grün und blau.

»Der ganze Kiefer tut mir weh«, sagte ich.

Ich erzählte ihr von dem Zoff, den ich am Tag davor mit meinem Alten gehabt hatte, und daß ich leider keine Kopie des Gedichts für sie hatte.

»Nachher hab ich versucht, es aus dem Gedächtnis noch mal aufzuschreiben«, sagte ich, »aber mir tat alles so weh, daß es nicht ging.«

»Macht nichts«, meinte sie, »du schreibst mir ganz einfach wieder mal eines.«

»Ja, das tu ich.«

»Aber du kannst nicht weiter mit deinem Vater zusammenwohnen, wenn er so brutal zu dir ist.«

»Er steckt halt in einer ziemlich schlimmen Phase.«

»Trotzdem mußt du weg.«

»Wohin denn?« fragte ich.

»Kannst du nicht wieder in die Villa?«

»Ag, ich weiß nicht.«

»Hey, wie wäre es... ich hab eine Idee! Allerdings nur für ein Wochenende.«

»Was denn?«

»Komm doch mit mir nach Dorking, zu meinem Vater.

Das ist auf dem Land, und dort ist es schön und friedlich. Da kannst du dir ja dann überlegen, wo du hinwillst. Was hältst du davon?«

»Mein Alter wird davon nicht begeistert sein. Er meint, ich hätte etwas mit einem Mädchen laufen.«

»Dieses Mal stimmt das ja auch. Aber muß er das unbedingt wissen?«

»Vielleicht sag ich es einfach meiner Mutter«, fiel mir ein, »die ist doch mit deiner befreundet.«

»Überlaß die Sache mir. Ich erzähle meiner Mutter, daß du ein bißchen Abstand von allem brauchst und daß es ganz toll für dich wäre, mit mir zu Dad zu fahren. Und dann bitte ich sie, das Ganze mit deiner Mutter auszumachen. Die beiden glauben, sie tun etwas Gutes, und deine Mutter regelt alles mit deinem Vater.«

Mein Alter war dann viel zu betrunken, um überhaupt etwas mitzubekommen. Am Tag nachdem er mich geschlagen hatte, ging er nicht zur Arbeit, und am Tag darauf auch nicht. Dann kam das Wochenende. Er registrierte nicht einmal, daß ich wegfuhr.

Mutter sagte, ihr sei es recht. Sie mochte Rosalie, und Ginny hatte sie davon überzeugt, daß mein Besuch Rosalies Vater nicht stören würde.

Nachdem Rosalie am Freitag aus der Schule gekommen war, fuhren wir mit dem Zug von Temple Meads ab.

Rosalies Vater wohnt nicht direkt in Dorking, sondern in der Nähe. Sein Haus liegt an einem kleinen Berg. Ich fand Mr. Morris sehr nett und konnte überhaupt nicht verstehen, warum Ginny sich von ihm hatte scheiden lassen. Er trug einen Vollbart, der weder schwarz noch grau war, sondern irgend etwas dazwischen. Sein linkes Auge schielte, vielleicht war er darauf auch blind. Er ist wirklich ein lässiger Typ – aber nicht modisch-lässig, sondern im Sinne von gelassen. Nichts schien ihn aufzuregen. Ich war ganz überrascht, daß ein Mann, der im Gefängnis war und der so lange in Einzelhaft gesessen hatte, so eine ruhige Ausstrahlung haben kann. Wenn mir so etwas wie ihm passiert wäre, hätte ich nachher bestimmt einen Sprung in der Schüssel gehabt.

Zur Begrüßung gab er Rosalie einen Kuß und schüttelte mir die Hand. Ansonsten sahen wir ihn an diesem Wochenende kaum mehr, höchstens ein- oder zweimal und bei den Mahlzeiten.

Im Haus waren ständig Gäste. Einige schauten nur kurz vorbei, andere blieben das ganze Wochenende. Zu ihnen gehörte eine Frau, Irma Crossley, und dann noch ein Mann, von dem ich nur wußte, daß er James hieß. Rosalie erzählte mir, daß Irma eine bekannte Schauspielerin war, die sich im Kampf gegen die Apartheid engagierte. James war Rechtsanwalt und arbeitete wohl für den ANC, den African National Congress, die Organisation, die gegen die Regierung von Südafrika kämpft. Aber mit ihm sprach ich während der zwei Tage kaum.

Keine Ahnung, was sie das ganze Wochenende machten, aber auf jeden Fall ist Mr. Morris ein vielbeschäftigter Mann. Er ist nicht nur so ein Anhänger der Anti-Apartheids-Bewegung wie die Eltern von Jeff, sondern er arbeitet ohne Pause an der Veränderung Südafrikas – auf die eine oder andere Weise.

Ich muß gestehen, daß es mir etwas unheimlich war, mit solchen Leuten in einem Haus zu sein. In Südafrika wären sie von der Regierung natürlich als Kommunisten bezeichnet worden, aber ich wußte nicht, ob sie richtige Kommunisten waren oder nicht. Dennoch, der bloße Gedanke machte mich nervös. Was, wenn sie irgendwelche Terrorsachen oder Bombenanschläge oder etwas Ähnliches für Johannesburg planten, und was, wenn die südafrikanische Polizei plötzlich das Haus durchsuchen sollte? Aber das Risiko war es wert, weil es so toll war, mit Rosalie zusammenzusein.

An diesem Wochenende unterhielt ich mich mehr mit ihr, als ich mich je zuvor mit jemandem unterhalten hatte. Wir redeten fast die ganze Zeit, außer wenn wir aßen und schliefen und... davon erzähl ich aber lieber später, immer der Reihe nach...

Mr. Morris hatte sehr viele Bücher in seinem Haus: Gedichte, Romane, Nachschlagewerke und politische Texte, sogar welche von Karl Marx. Diese Bücher waren in Südafrika bestimmt verboten. In seiner Bibliothek gab es auch eine Couch und einen großen Drehstuhl mit Ledersitz. Auf dem Schreibtisch befanden sich viele Arbeitsunterlagen und so ein Kram. Mr. Morris war wohl mitten dabei, ein Buch oder einen Artikel über Südafrika zu schreiben. Aber wir rührten diese Sachen nicht an. Meistens saßen wir dicht beieinander auf der Couch oder im Garten auf einer Bank hinter der Hecke, von wo aus wir den Berg hinter dem Haus sehen konnten.

Wir unterhielten uns einfach über alles. Rosalie erzählte mir, wie es war, als ihr Vater in Südafrika eingesperrt worden war. In der Morgendämmerung kam die Geheimpolizei und nahm sein Arbeitszimmer komplett auseinander. Sie rissen alle Schubläden aus dem Schreibtisch und den Aktenschränken. Sie verwüsteten seine Unterlagen und nahmen seine Aufzeichnungen als Beweismaterial mit. Er selbst wurde ohne Angabe des Zielorts in einem Polizeiwagen fortgebracht. Ginny brauchte mehrere Tage, um herauszufinden, daß er im Gefängnis war und dort auf unbestimmte Zeit bleiben mußte – ohne Verhandlung! Für Rosalie war dies die schlimmste Zeit ihres Lebens. Sie war doch erst elf und wußte, daß man ihrem Vater im Gefängnis weh tat. Am Anfang verprügelten sie ihn ständig, Tag und Nacht, dabei machten sie sein linkes Auge kaputt. Man wollte, daß er belastende Aussagen gegen Leute unterschrieb, die an seinen Aktionen beteiligt waren.

»Und, hat er unterschrieben?« fragte ich.

»Ja, er konnte die Folter nicht ertragen. Aber innerlich konnten sie ihn nicht brechen.«

Ich fragte, was er getan hatte, und dachte, daß er Bomben oder so gebastelt hatte. Aber nein, er hatte nur mit einer Zeitung zusammengearbeitet, schließlich war er Journalist.

Sogar als man Mr. Morris deportierte, wurde die Familie nicht benachrichtigt. Man setzte ihn einfach ins nächste Flugzeug. Seine Familie rief er dann von England aus an, das erste Lebenszeichen von ihm. Ginny mußte das Haus und alles andere verkaufen, dann kamen sie und Rosalie auch nach England, um wieder mit ihm zusammenzusein.

Erst waren sie so glücklich, ihn wiederzuhaben. Aber er hatte sich sehr verändert, war voller Zorn und Wut und wollte jetzt erst recht gegen Südafrika kämpfen. Er arbeitete ununterbrochen an Artikeln oder ging auf politische Treffen. Nach zwölf Monaten waren er und Ginny geschieden. Seine Geschichte hörte sich für mich wie die von Oupa an – auch er hatte die Verpflanzung nicht verkraften können. Nur, Oupa hatte es nicht einmal zwei Monate ausgehalten, dann war er als Fremder in einem fremden Land gestorben.

Für Rosalie war die Trennung sehr schlimm, aber ihre

Mutter ließ sich nicht so leicht unterkriegen und richtete sich mit ihrer Tochter ein neues Leben in Bristol ein, ein Leben ohne Politik. Das war vor etwa drei Jahren gewesen.

Mir erschien Mr. Morris, wie ich ihn jetzt kennenlernte, nicht voller Zorn, sondern ganz ruhig. Vielleicht kann man diese Art von Zorn nicht im Gesicht eines Menschen sehen, oder der Zorn war nicht mehr so übermächtig.

Dafür, daß Rosalie behauptete, ihr Leben hätte überhaupt nichts mehr mit Politik zu tun, wußte sie sehr gut über das Thema Bescheid. Sie kannte sich nicht nur mit Südafrika aus, sondern hatte in den Büchern ihres Vaters über die Rassenprobleme in den USA gelesen, über Martin Luther King und die Zeit der Sklaverei. Davon erzählte sie mir lauter grausige Einzelheiten – wer weiß denn schon, daß über die Hälfte der Sklaven, die nach Amerika gebracht wurden, noch während der Überfahrt auf den Schiffen starben? Ich hatte davon jedenfalls keine Ahnung gehabt und war total schockiert.

Rosalie wußte auch viel über die Judenverfolgung im Dritten Reich, dabei war ihre Familie gar nicht jüdisch. Das war ganz komisch für mich, denn da meine Mutter uns nicht religiös erzogen hatte und mein Vater nur auf so eine abergläubische Art jüdisch war, hatte ich mich nie für jüdische Angelegenheiten interessiert. Außer bei Hochzeiten, Beerdigungen und meiner Bar-Mizwa hätte man nie bemerkt, daß wir Juden waren. Was Rosalie von der Judenverfolgung erzählte, war einfach entsetzlich, genauso wie die Bilder von Konzentrationslagern und Massengräbern, die sie mir zeigte.

Ich erzählte ihr die Geschichte, wie Oupa aus Polen entkommen war, und dann fiel mir auch noch Großtante Freda ein, die mit Onkel Frank in Krugersdorp lebt. Auf ihrem Arm ist eine Nummer eintätowiert, die aus ihrer Zeit in einem deutschen Konzentrationslager stammt. Ich weiß von Großtante Freda eigentlich nur noch, daß sie immer sagte, sie wolle ihr Leben unbedingt voll auskosten, weil sie dieses ungeheure Glück gehabt hatte, das Konzentrationslager zu überleben. Sie wollte auch, daß ihre Kinder mit dieser Einstellung leben sollten. Ich aber hatte nie darüber nachgedacht, was sie durchgemacht hatte. Yirra! Beim bloßen Gedanken bekam ich eine Gänsehaut.

Bei dem, was Rosalie mir von der Judenverfolgung erzählte, konnte ich nicht verstehen, wie Großtante Freda Dienstmädchen und Boys in ihrem Haus hatte halten können. Wie konnte sie, die nun wirklich wußte, was Vorurteile waren, nur andere als minderwertige Menschen behandeln? Aber vielleicht tat sie das auch gar nicht, ich weiß nicht, ich kannte sie nie so gut. Mir gab das Ganze jedenfalls sehr zu denken, über meine eigene Familie und über die Angst meines Vaters vor dem dreischenkligen Hakenkreuz der burischen Rechtsextremisten.

Manchmal holte Rosalie ein Buch aus einem der Regale, wenn sie mir etwas erzählte. Einige davon waren von schwarzen Autoren, und das war das erste Mal, daß ich ihre Bücher in die Hand bekam. Sogar ein schmaler Band mit Reden von Nelson Mandela war darunter. Sie meinte, daß ich mir auch Bücher ausleihen könne, ihr Vater hätte bestimmt nichts dagegen, aber ich hatte doch etwas Angst davor, mit einem verbotenen Buch erwischt zu werden.

Wir sprachen an diesem Wochenende so viel über das Leben, das wir in Südafrika geführt hatten, über die Vorurteile, die uns beherrscht hatten. Ich erzählte ihr auch einiges von dem, was ich in der Villa endlich hatte ausspukken können, das mit Matilda und wie ich mit ihr umgegangen war. Rosalie war ähnlich zu ihrem Dienstmädchen Elsie gewesen. Manchmal, wenn wir über so etwas sprachen, schüttelten wir über uns selbst traurig den Kopf. Dann lachten wir auch wieder, aber nicht, weil die Sachen komisch waren, sondern aus Schmerz und Verlegenheit, schließlich ging es um unsere eigene Vergangenheit.

Wären wir nicht nach England gezogen, hätte ich über solche Sachen wohl nie reden können. In Südafrika hätte ich nicht einmal darüber nachgedacht, nie im Leben. Aber wie ich da mit Rosalie zusammen war, begann ich zu verstehen, daß es eine Zusammengehörigkeit zwischen allen Menschen gibt und daß es einfach dumm ist, sich wegen seiner Hautfarbe oder seines Glaubens überlegen zu fühlen.

Rosalie und ich versuchten uns vorzustellen, wie es gewesen sein muß, als Sklave gefangen zu werden. Oder als Jude im Dritten Reich – als Schwarzer in Südafrika zu leben ... in Amerika ... aber auch in England. Wie mag es wohl für Bala gewesen sein, als er aus Sri Lanka kam? Ich dachte an Bradley, der immer noch davonläuft, und ich wünschte, ich würde ihn wiedersehen. Dann könnten wir beide einfach stehenbleiben, uns umdrehen und uns den Hyänen, die uns jagen, stellen.

Ja, mir wurde klar, daß nicht nur mein Alter vor etwas davonlief, sondern auch meine Mutter mit ihren Affären. Auch ich war schon auf der Flucht, lief vor etwas davon, lief und lief und hielt nicht inne, um nachzudenken. Hielt nicht an, um Gefühle zuzulassen. Hielt nicht an, um den Schmerz spüren zu können. Niemand weiß, wohin wir eigentlich fliehen. Aber nun wollte ich nicht mehr weiterrennen. Rosalie sagt, daß der Wille fast alles ist.

Wir unterhielten uns bis weit nach Mitternacht, und ich hielt ihre Hand und küßte sie. Ich umarmte Rosalie, spürte ihren Körper und küßte ihren Mund. Es war einfach toll. Aber gerade da, als es so schön war, ließ sie die Bombe platzen: Sie erzählte mir von Justin. Wer zum Teufel war Justin?

Und dann kam raus, daß Justin ein sechzehnjähriger Typ aus Bristol ist, mit dem sie seit einem Jahr zusammen war.

»Aber jetzt, jetzt ist es doch vorbei?« fragte ich.

»Ich weiß nicht genau«, sagte sie. »Wir haben so unsere Höhen und Tiefen, hatten aber auch sehr schöne Zeiten.«

Ich brachte kaum einen Ton heraus.

»Warum hast du mich dann hierher eingeladen?«

»Weil du nicht weiterwußtest und weil ich dachte, daß es nett wäre, mit dir in Dorking zu sein.«

»Dann bedeute ich dir also eigentlich gar nichts Besonderes, oder?«

»Doch, Selly, natürlich tust du das.«

»Aber nicht so ... ich meine, so, wie das zwischen Mädchen und Jungen ist.«

»Das hab ich nicht gesagt«, gab sie zurück und kuschelte sich dabei an mich. »Laß uns doch einfach abwarten, was zwischen uns passiert.«

Später gingen wir schlafen, aber nach dem, was sie mir gesagt hatte, war ich hellwach. Zunächst wollte ich nichts wie weg aus Dorking. Zum einen war es gefährlich mit diesen ganzen politischen Aktivisten, zum anderen spielte Rosalie doch nur mit mir herum. Für sie war das Ganze offensichtlich nur Sozialarbeit, als wäre sie einer von den Samaritern, die auf der Hängebrücke ihre Hilfe anbieten und die einen unbedingt retten wollen. Aber ich wollte nicht ihre Hilfe, sondern sie selbst, nicht mehr und nicht weniger.

Hätte es da nicht zwei Gründe zum Bleiben gegeben, ich wäre sofort abgehauen. Der erste Grund war, daß ich keine Lust auf Bristol hatte, der andere, daß ich nicht schon wieder fortlaufen wollte. Ich mußte endlich damit aufhören! Und dazu mußte ich Rosalie vertrauen. Es stand einfach fest, daß an ihr etwas Echtes war. Und überhaupt, vielleicht hatte sie mit diesem Justin auch ein bißchen dick aufgetragen. Vielleicht mochte sie mich auch lieber als ihn, könnte doch sein?

Am nächsten Tag grillten wir draußen auf der Wiese mit Mr. Morris und seinen Freunden. Es war nicht so wie auf einem Braai in Südafrika, es schmeckte anders. Trotzdem war es schön, den Rauch in die Augen zu bekommen und das brutzelnde Fleisch zu riechen. Es gab keinen Swimmingpool, in den man nachher hätte springen können, aber es war sowieso nicht heiß genug, einer von diesen englischen Sommertagen, an denen die Sonne nicht so recht weiß, ob sich die Mühe lohnt zu scheinen oder nicht. Aber immerhin war ich mit Leuten zusammen, die wußten, wie ein Braai eigentlich sein sollte, und die alle nett zu mir waren.

Komisch war es jedoch mit dieser einen schwarzen Frau, Thandi. Sie war erst kurz vor dem Mittagessen angekommen, und ich konnte das Gefühl nicht loswerden, daß sie mich kannte oder daß ich sie kannte. Irgendwie erinnerte sie mich an Matilda, aber Matilda hätte es sich nie im Traum einfallen lassen, gemeinsam mit uns zu essen.

Sie ertappte mich zwei- oder dreimal dabei, wie ich sie anstarrte, dann setzte sie sich zu mir.

»Meine zwei Söhne sind auch ungefähr so alt wie du.«

»Wirklich?« entgegnete ich.

»Ja, und ich vermisse sie sehr.«

Ich ließ ihre Traurigkeit auf mich einwirken. Sie war wohl auch eine Exilantin.

»Sie sind so ähnlich wie du«, fuhr sie fort, »aber sie leben noch in Südafrika, bei meiner Cousine, und geraten immer wieder in Schwierigkeiten.«

Ich versuchte mir die Schwierigkeiten vorzustellen, in denen die beiden steckten.

»Ja, die junge Generation ist sehr verbittert. Am liebsten würden sie alles zerstören, was den Weißen gehört.«

»Haben sie denn keine Angst vor der Polizei?«

»Das kannst du wahrscheinlich nicht verstehen, weil du immer auf der Sonnenseite gestanden bist. Aber das Leben meiner Söhne war so düster wie ihre Hautfarbe, für sie heißt es jetzt: Freiheit oder Tod. Vor den Gewehren der Weißen haben sie keine Angst.«

Eina! Bei dem letzten Satz blieb mir das Essen im Hals stecken. Ich rannte aufs Klo und steckte den Finger in den Hals, um Luft zu bekommen. Meine Augen tränten, Speichelfäden tropften in die Kloschüssel. Während ich um Atem kämpfte, kam mir ein Gedanke, den ich nicht mehr loswurde. Plötzlich war mir eingefallen, daß auch Philemon Majodena eine Mutter gehabt haben muß.

Als ich wieder aus dem Klo kam, ging ich in die Küche und trank ein Glas Wasser. Den Rest des Nachmittags blieb ich drinnen, bis ich glaubte, daß Thandi gegangen war. Später fand mich Rosalie zusammengekauert in der Bibliothek. Ich war einfach am Ende.

»Was hat Thandi denn mit dir angestellt?« fragte sie.

Aber ich war völlig zu, konnte nicht antworten.

»Oder ist es wegen mir?«

»Nein, wegen allem«, knurrte ich.

»Weil ich dir gestern von Justin erzählt habe, nicht wahr?«

Ich war froh, daß sie von Thandi abkam.

»Ja, du hast mich ganz schön schockiert.«

»Das tut mir wirklich leid«, sagte sie. »Aber ich dachte, es ist besser, wenn du es weißt, bevor es wirklich ernster wird.«

»Willst du denn, daß es das wird?«

»Natürlich will ich das, das weißt du doch. Wir kommen doch gut miteinander aus, und ich würde dich gern richtig kennenlernen.«

»Aber was ist denn dann mit Justin?«

»Was soll schon mit ihm sein? Er nimmt nichts wirklich ernst, ich kann mit ihm nicht so wie mit dir reden.«

Irgendwann am Abend kam Mr. Morris in die Bibliothek. Er zog eine abgegriffene Pralinenschachtel aus dem obersten Regal und kramte in alten Fotos.

»Na, wie geht's euch zwei denn? Rosalie, du hast Selwyn noch gar nicht die Umgebung gezeigt, dabei ist es hier so schön.«

»Wir haben halt viel zu bereden, Dad.«

»Im Reden ist Rosalie große Klasse, stimmt's, Selwyn?«

»Aber sie kann auch gut zuhören.«

»Da hast du recht. Ich rede oft über Sachen mit ihr, die sonst niemand versteht.«

Er fand das Foto, das er gesucht hatte, und zeigte es mir. Ein afrikanischer Junge, nicht älter als neun Jahre, spielte auf einer Gitarre, die er aus einem alten Ölkanister gebastelt hatte. Dabei war er so stolz auf seine Gitarre und die

Musik, die er machte, daß er bis hinter die Ohren grinste.

»Hast du schon Heimweh nach Südafrika, Selwyn, oder bist du noch nicht lange genug fort?«

»Doch, ich habe schon Heimweh.«

»Ich auch«, sagte Mr. Morris. »Aber nicht nach der Grausamkeit, der Unmenschlichkeit. Nur nach dem Land, seinem Geruch, seiner Atmosphäre, seinen Leuten. Damit sind wir verwurzelt.«

Nachdem Mr. Morris aus dem Zimmer gegangen war, sprachen Rosalie und ich noch bis tief in die Nacht. Zuerst ging es um das Verwurzeltsein.

»Ich würde gern wissen, was all diese Umpflanzerei in einem anrichtet«, meinte ich.

»Ich weiß nicht«, sagte Rosalie, »es dauert ganz schön lange, bis die Wurzeln woanders wieder anwachsen.«

»Was meinst du, wie tief die eigenen Wurzeln eigentlich reichen?«

»Deine gehen wahrscheinlich zurück bis nach Polen und Deutschland, sogar bis hier nach England.«

»Vielleicht reichen unsere Wurzeln sogar noch tiefer«, sagte ich, »bis dahin, wo wir alle herkommen, alle Menschen.«

»Das ist wirklich tief.«

»So muß ein Mensch auch sein: tief. Menschenunermeßlichtief.«

11

Nach Mitternacht war zwischen uns alles wieder im Lot. Rosalie hatte mich davon überzeugt, daß die Sache mit Justin offen war, daß sie hier und heute mit mir zusammen war, daß sie mich mochte und daß es genauso an mir wie an ihr lag, wie sich unsere Beziehung entwickelte. Irgendwie vertraute ich ihr und konnte mich ihr zeigen, wie ich wirklich war. Ihr schienen meine ganzen Schorfstellen auf der Seele nichts auszumachen, sie sah wohl schon die Heilung, die neue Haut.

Etwa um zwei Uhr nachts fragte sie mich, ob ich ihr über Philemon Majodena erzählen wolle.

»Stimmt es, daß du dabei warst, als er erschossen wurde?« fragte sie.

Die Frage erschreckte mich furchtbar. Innerlich begann ich zu zittern. Sie wäre der erste Mensch, dem ich davon erzählen würde. Aber die Worte waren so tief in mir verschlossen, daß ich nicht wußte, ob sie herauskommen würden.

Sie war der allererste Mensch, mit dem ich über die Sache redete.

»Ja, das stimmt. Aber ich wollte ihn nicht töten, das mußt du mir glauben.«

Ich erzählte ihr, daß ich nie ein Rassist oder ein Mörder hatte sein wollen. Aber ich weiß, daß ich ihn trotzdem tötete. Es ist meine Verantwortung und meine Schuld. Diese Schuld werde ich immer mit mir tragen, keiner kann sie von mir nehmen, auch wenn ich nie vor Gericht oder anderswo zur Rechenschaft gezogen wurde.

»Du mußt es mir nicht erzählen, wenn es dir weh tut«, sagte Rosalie.

»Ich habe noch nie davon geredet«, sagte ich.

In mir war zu viel angestaut. Ich zog meine Knie an die Brust heran und hielt sie fest, um mit dem Zittern aufzuhören. Aber die Erinnerungen in meinem Kopf waren so lebendig und versengten mein Gehirn.

Dann erzählte ich ihr von der Nacht, in der in Vaters Warenlager eingebrochen worden war. Um halb vier Uhr morgens läutete das Telefon. Es war die Polizei, die uns mitteilte, daß wieder einmal die Alarmanlage im Lager losgegangen war. Das passierte ziemlich oft, und zwar wegen der Ratten. Die Ratten kamen auf der Suche nach Mehl und Mielie Meal in das Lager, kletterten dabei die Leitungen der Sicherungsanlage entlang und lösten so den Alarm aus.

Nach so einem Polizeianruf lief alles immer gleich ab: Mein Alter weckte mich, und ich zog mich an. Ungefähr seit meinem dreizehnten Geburtstag nahm er mich in solchen Fällen mit. Normalerweise war die Polizei schon da, wenn wir dort ankamen. Mein Alter ließ sie dann in das Gebäude, und sie suchten eine Weile herum und entdeckten dann Ratten oder so.

Aber in dieser Nacht kamen wir vor der Polizei an, nur ein paar Minuten früher. Mein Alter sperrt die Tür auf und geht in die Lagerhallen, ich hinterher. Das hab ich noch gar nicht erwähnt, aber er hat seinen Revolver bei sich.

Also, mein Alter geht in diese eine Halle am anderen Ende des Gebäudes, da, wo der Kühlraum ist, und ich gehe in die, wo das Mielie Meal aufbewahrt ist. Und wie ich da reinkomme, sehe ich diesen schwarzen Typen über die Mielie-Meal-Säcke zu dem hochgelegenen Fenster klettern. Er hatte irgend etwas in den Händen, vielleicht ein Messer oder ein Brecheisen, oder nur einen Schraubenzieher. Ich erstarrte, aber er sprang aus dem Fenster.

Dann sehe ich einen jüngeren Schwarzen, der sich in der einen Ecke hinter den Säcken versteckt hat. Der fürchtet sich noch mehr als ich. Mann, hat der die Panik! Ich sehe seine Augen, die mich beobachten, was ich tun werde, und er hat noch mehr Angst als die Katze damals unter dem Sofa. Die Katze hatte mit dieser menschenähnlichen Stimme gewimmert, aber dieser Junge gibt keinen Ton von sich, und die Katze hatte versucht, sich freizukämpfen, aber dieser Junge rührt sich nicht, er ist wie gelähmt. Und wenn ich nichts getan hätte, dann wäre er einfach dort geblieben, und die Polizei hätte ihn geschnappt und eingesperrt. Warum ich dann tat, was ich tat, weiß ich nicht, vielleicht, weil ich selbst Angst hatte oder weil ich ihn noch mehr erschrecken wollte, so wie die Katze unter dem Sofa.

»Monty!« schreie ich.

Der Schrei löst die Erstarrung des Jungen. Er blickt hinauf zum Fenster und versucht es mit einem Sprung zu erreichen.

»Monty! Schnell!« brülle ich.

Mein Alter kommt angerannt. So, wie ich geschrien habe, glaubt er, daß ich in Gefahr bin. Er zielt mit dem Revolver – ich hätte wissen müssen, daß er ihn schußbereit hatte. Der Junge steckt im Fenster, halb drinnen und halb draußen. Mein Alter glaubt, daß er herein und mich angreifen will, mein Alter will mich beschützen. Er weiß nicht, daß der Junge nicht bewaffnet ist. Und dann schießt er, schießt zweimal. Der Lärm ist furchtbar, reißt die Stille dieser Nacht entzwei. Und der Junge springt aus dem Fenster.

Kurz danach kommt die Polizei in die Lagerhalle und öffnet den Hinterausgang. Mein Alter erzählt ihnen, daß zwei Räuber dagewesen sind. Die Polizisten suchen die beiden draußen.

Und den ersten finden sie auch ohne Probleme, denn der liegt in einer Blutlache unter dem Fenster, dort, wo er hinausgesprungen war. Den zweiten finden sie nie.

Ich sehe den Jungen an, er ist tot. Mann, er war genauso alt wie ich, bestimmt nicht älter als vierzehn, und seine Hosen waren mit einem Stück Schnur um den Bauch festgebunden, seine Füße steckten in kaputten Takkies, und er trug ein zerrissenes T-Shirt voller Blut. Seine angsterfüllten Augen waren aufgerissen, aber sie sahen nichts mehr, und da war dieser Fluß aus Blut, der aus seinem Körper geströmt war und einen roten See um ihn gebildet hatte.

»Ich hab ihn umgebracht – oder etwa nicht?« fragte ich.

Ich sah Rosalie ins Gesicht. Ihre Augen waren auch weit aufgerissen, sie starrte mich an und antwortete nichts. Also redete ich weiter.

»Ich habe ihn umgebracht, denn ich rief meinen Vater in die Lagerhalle, und ich wußte, daß er den Revolver dabeihatte und schießen würde, sobald er irgend jemanden sah. Mein Vater kann nichts dafür, er wußte ja nicht, daß der Einbrecher nur ein unbewaffneter Junge war. Aber ich wußte es, und trotzdem habe ich ihn gerufen. Dabei hätte ich den Jungen einfach laufenlassen können.

Ja, ich habe ihn umgebracht. Was er eigentlich in der Lagerhalle wollte, werde ich nie wissen, denn was gab es dort schon zu holen? Um so ein Warenlager richtig ausrauben zu können, braucht man einen Laster, Mann. Was hätten zwei Jungen ohne Transportmittel schon mitgehen lassen können? Geld jedenfalls nicht, das verwahrte mein Alter in einem Safe in dem anderen Gebäude. Dort hätten sie Geld stehlen können – aber was wollten die beiden Typen nur im Lagerhaus?

Er hieß Philemon Majodena, das erfuhr ich später.

Vor der Polizei mußte mein Vater nur eine Aussage machen. Für die war der Fall sonnenklar: Mit so etwas muß ein Einbrecher eben rechnen. Ich mußte überhaupt nicht aussagen, niemand kapierte, daß ich ihn mit umgebracht hatte. Ich wurde nicht mal vor Gericht geladen.«

Da saß ich mit Rosalie. Sie sagte kein Wort, sah mich nur an, tief in die Augen, und hielt meine Hand. Aber außer »das ist schlimm, Selly« sagte sie nichts. Sie verstand meine Schuld.

Die ganze Nacht saßen wir zusammen, ohne uns zu küssen oder so. Wir waren einfach beieinander, hielten uns an den Händen und fühlten den Schmerz. Als es dämmerte, waren wir immer noch wach und gingen raus, um ein bißchen spazieren zu gehen.

Auf dem Gipfel des kleinen Berges meinte Rosalie, daß Philemon Majodena ein Opfer des Systems geworden sei. Ich sagte ihr, daß mich das an Abraham und Isaak erinnere, denn Abraham hatte Isaak bis zur Spitze eines Berges geführt und dort oben zu ihm gesagt: »Hier werden wir dem Herrn ein Opfer bringen.« Und Isaak fragte: »Wo ist denn das Tier, das wir opfern wollen?« Abraham antwortete: »Das bist doch du – du bist das Opfer!« Soviel zum Opfer eines Systems! Abraham hatte nur das unverschämte Glück, daß ein Engel ihn gerade noch daran hinderte, seinen Sohn zu töten. Aber mir war im Lagerhaus kein Engel erschienen. Mich hatte kein Engel gerade noch zurückgehalten.

Vom Gipfel aus sahen wir den neuen Tag erwachen. Die grünen Felder Englands sahen so schön aus in dem frischen Licht, und wir gingen wieder hinunter, durch ein Feld, auf dem Kühe weideten.

Rosalie sah, daß aus einer Kuh etwas herausschaute, und wir gingen näher, um zu sehen, was es war. Die Kuh kalbte gerade, genau in diesem Moment. Es dauerte etwa fünf oder sechs Minuten.

Ein- oder zweimal preßte die Kuh, dann war dieses rötliche Bündel, das wie eine eingeschweißte Fleischpackung aus dem Supermarkt wirkte, zu sehen. Immer mehr von der Packung wurde aus der Kuh gepreßt, schließlich rutschte alles heraus und fiel ins Gras. Das Fleischpaket stand auf, war ein Kalb, ein vollständiges Kalb mit Kopf und vier Beinen. Die Mutterkuh drehte sich, um ihr schwarzgeflecktes Neugeborenes lecken zu können, das gerade seine ersten Schritte versuchte.

Wir beobachteten das neue Geschöpf, bis es etwa neun Uhr und Zeit zum Frühstücken war. Ich sah Rosalie an und wußte, daß an diesem Morgen auch in mir etwas zur Welt gekommen war. Dabei mußte ich an das Gedicht »ich, der ich tot war« denken: »ich, der ich tot war, bin heute wieder lebendig, und dies ist der geburtstag der sonne.« Ich erzählte Rosalie davon, erklärte ihr auch, daß in dem Gedicht alles klein geschrieben war, weil das der Dichter, e.e. cummings, immer so macht. Rosalie mochte das Gedicht.

Wir sprachen wieder von Opfern. Langsam wurde mir klar, daß es in dieser Nacht im Lagerhaus noch ein anderes Opfer gegeben hatte, nämlich mich. Nein, mit dem Schicksal von Philemon Majodena kann man meines nicht vergleichen, der hatte das schlimmste Los gezogen, das steht fest. Aber dennoch war ich auf eine andere Art ebenfalls zum Opfer geworden.

Zum ersten Mal wurde mir bewußt, daß es neben denen, die in die Opferrolle gedrängt werden, neben all den Schwarzen, die gestorben sind, die weiter sterben und die jeden Tag, nur wegen der Pigmente in ihrer Haut, Leid ertragen müssen, auch die gibt, die plötzlich wie Abraham das Messer heben. Das sind wir Weißen, die wir uns für die Krönung der Schöpfung halten. Aber eigentlich sind wir Schlafwandler, während Hunderttausende von Skorpionen durch unsere Köpfe krabbeln. In Südafrika haben die Skorpione tödliches Gift. In Johannesburg hatte ich mal von einem Typ gehört, der nachts schreiend aufwachte, weil er etwas unter sich krabbeln spürte. Das passierte mitten in einem Johannesburger Vorort, nicht draußen im Bundu. Dann sah er ihn, einen kleinen Skorpion – das sind die schlimmsten –, der unter seinem Bauch hervorgekrabbelt kam. Er versuchte, ihn mit seiner Hand fortzufegen, aber es war zu spät, der tödliche Schwanz hatte sein Werk schon vollendet. Ja, in Südafrika sind die Skorpione furchtbar.

Rosalies Augen glänzten im Sonnenlicht. Ich sah sie an und fragte mich wieder, ob sie sich wirklich etwas aus mir machte oder ob ich für sie nur jemand war, dem sie helfen konnte. Vielleicht wollte sie mir ja nur ihre Weltanschauung aufs Auge drücken. Plötzlich durchzuckte mich auch die Angst, daß sie ja eine kommunistische Agentin sein könnte. Aber, nein, das war sie bestimmt nicht, das war nur meine alte Paranoia.

Ich sah in ihre Augen und versuchte in ihnen nichts zu sehen, das kommunistisch oder nichtkommunistisch, jüdisch oder nichtjüdisch, weiß oder schwarz, auch nicht südafrikanisch, polnisch oder englisch, weiblich oder männlich war – all das zählte nicht. Ich wollte für immer an dem Ort leben, wo ein Mensch wie flüssiges Gold glänzt, an dem Ort, von dem die Gedichte stammen und aus dem die Wurzeln aller Menschen entspringen. Diesen Ort wollte ich in mir selbst finden, in meiner Mutter, meinem Vater, in Oupa, der schon tot war, und in Stelly, Lynette, Rosalie, Philemon Majodena, in Bradley, falls ich den je wiedersehen würde, und in Lloyd und John Patel.

An diesem Morgen streiften die Tiger auf unserem Berg herum, ungebändigte goldene Tiere, wild, wundervoll und furchterregend, und ich sah, wie sie über die Abgründe sprangen.

Ich fühlte, wie die Wogen sich an der Küste Englands brachen, riesige glitzernde Wellen mit weißen Mähnen. Wenn sie wollten, dann hatten sie die Kraft, ganz England emporzuschleudern, es an einem anderen Ort niederkrachen zu lassen und es völlig zu zerschmettern.

Wie sollte es weitergehen? Ich wollte, daß Rosalie mich mochte, wollte bei ihr bleiben, aber ich wußte, daß ich nicht in dem Haus in Dorking bleiben konnte. Ich mußte zurück, vielleicht nach Bristol zu meinem Vater, der am Zusammenbrechen war, und meiner Mutter, die sich um jeden scherte, nur nicht um meinen Alten oder mich. Ich wollte nicht zurück zu ihnen, obwohl mir Stelly leid tat, die dann ganz allein mit ihnen sein mußte. Vielleicht mußte ich ja aber doch zurück, und vielleicht würde es jetzt auch anders werden, da ich zumindest ansatzweise zu verstehen begonnen hatte.

Nein, ich würde nicht zurück zu ihnen gehen, das wußte ich. Vielleicht könnte ich ja wieder in die Villa ziehen und mich dort stärken, gleichzeitig meinem Alten die Chance geben, vom Alkohol wegzukommen, und meiner Mutter Raum, um mit ihren Problemen fertig zu werden. Ich wollte Bala wiedersehen, mit ihm reden und spüren, wie seine Fragen in mir arbeiteten, wie sie mich öffneten.

Ich hatte keine Ahnung, wo zum Teufel ich mich hinbewegte oder was mit mir geschehen sollte. Es war wie bei diesem irischen Mönch, von dem ich einmal gelesen hatte, der auf einem kleinen Boot, nicht größer als ein Dinghy, auf die rauhe See fuhr. Er sagte, wenn dieses Boot im Sturm untergeht, dann ist die Sache eben gelaufen, aber wenn es an einem Felsen landet, dann wird dieser Fels für immer meine Heimat sein. Und ich segelte hinaus auf diesen weiten Ozean, der Südafrika mit England verbindet und mit Polen und Amerika und Deutschland – mit jedem Ort und jedem Menschen auf dieser Erde. Ich würde sehen, wohin die Winde mich trieben.